Gerhard Pöllauer

Geheimnisvolles Lemnos

Meinen Töchtern Clara und Pia

Gerhard Pöllauer

Geheimnisvolles Lemnos

Die von Frauen beherrschte Insel

EBOOKS.AT Verlag
Klagenfurt

Herstellung: EBOOKS.AT, Klagenfurt

ISBN 978-3-902096-77-7

Inhalt

Fiel ich in Lemnos hinab, und atmete kaum noch Leben;
Aber der Sintier Volk empfing mich Gefallenen freundlich
(Homer, Ilias)

Einleitung

Der Untertitel des Buches »Die von Frauen beherrschte Insel« geht auf ein antikes Zitat zurück; es stammt vom griechischen Schriftsteller Apollodor von Athen, der im 2. Jahrhundert vor Chr. lebte. Jener prägte für Lemnos den griechischen Ausdruck »gynaikokratumene«, übersetzt »von Frauen beherrscht«.

Daneben gibt es eine Reihe von weiteren antiken Charakteristika für diese in der Nordägäis gelegene Insel. Homer, dem wir die älteste europäische Literatur - die Ilias und die Odyssee - verdanken, erwähnt in der Ilias den hervorragenden Wein von Lemnos; er berichtet, dass die Insel schöne Städte habe und gibt Lemnos das Attribut »amichthaloessa«, in der Bedeutung von dampfend, rauchend, vulkanisch. Der antike Dichter Sophokles nennt Lemnos das meerumflutete Land.

Besucht man diese nordägäische Insel, dann wird man die Bezeichnung »meerumflutet« von Sophokles gleich bestätigen können, und man wird sich auch von der Qualität des lemnischen Weines überzeugen können, der hohes Ansehen in ganz Griechenland genießt. Einen rauchenden Vulkan wird man nicht finden, allenfalls wenige Reste eines erloschenen Vulkans, des vielzitierten Vulkanbergs Mosychlos. Die besondere Fruchtbarkeit der Insel zeugt jedoch von ihrer vulkanischen Vergangenheit.

Doch wie steht es mit jener Beschreibung - »von Frauen beherrscht«? Auch wenn die Griechen als eher patriarchal eingestelltes Volk gelten, so wird man, wenn man mehr Einblick in die griechische Familie gewinnt, bemerken, dass sehr oft die Frauen das Sagen haben. Auf Lemnos hat sich dieser Eindruck noch vielfach bestärkt. Die Lemnierinnen fallen durch ihr offenes und selbstbewusstes Auftreten in der Öffentlichkeit auf, und es ist oft die mehr oder weniger bestimmende Stimme der Frau im Hintergrund, welche das Tun und Handeln des »Hausherrn« lenkt. So gewinnt man letztendlich den Eindruck, dass die Beschreibung - die von Frauen beherrschte Insel - auch heute noch unterschwellig Gültigkeit besitzt.

Interessanterweise ist die früheste schriftliche Erwähnung der Insel Lemnos mit ihren Frauen verbunden. Auf mykenischen Schrifttafeln, die in Pylos auf dem griechischen Festland, im Westen des Peloponnes, gefunden worden sind und aus der Zeit um 1200 vor Chr. stammen, entdeckte man das Wort »ra-mi-ni-ja«, welches mit »Frauen aus Lemnos« übersetzt wird.

Kommt man das erste Mal mit dem Flugzeug nach Lemnos, wird man sich vielleicht über den überdimensionierten Flughafen wundern. Die Insel Lemnos ist aufgrund ihrer geopolitischen Lage am Ausgang der Dardanellen eine bedeutende militärische Basis und deshalb sind hier auch viele Soldaten anzutreffen. Dies bringt den kleinen Vorteil mit sich, dass die Insel nicht im gleichen Ausmaß touristisch genutzt wird wie andere griechische Inseln. So existiert hier praktisch kein Chartertourismus und, obwohl es hier bezaubernde Buchten und wunderschöne Strände gibt, hält sich der Tourismuskommerz in einem vernünftigen und erträglichen Rahmen.

Lemnos wird im Norden und Süden von zwei großen Buchten eingeschnitten, an ihrer engsten Stelle ist die Insel nur etwa vier Kilometer breit. Die Form der Insel veranlasste den griechischen Dichter N. Gabriel Pentziki sie mit der Gestalt eines Schmetterlings zu vergleichen. Lemnos liegt sehr zentral in der Ägäis; der Abstand der Insel zum Berg Athos am Festland im Nordwesten sowie zum Hellespont, jener Meerenge im Nordosten, welche das Schwarze Meer mit dem Mittelmeer verbindet, ist annähernd gleich.

Lernt man Lemnos erstmals vom Flughafen in Moudros aus kennen, gewinnt man möglicherweise den Eindruck von einer unscheinbaren Insel - man sieht eine relativ flache, ziemlich baumlose Landschaft, welche landwirtschaftlich extensiv genutzt wird. Fährt man nun per Auto in Richtung der Inselhauptstadt Myrina, wird sich dieser erste Eindruck von der Unscheinbarkeit der Insel wenig ändern. Erst wenn der eindrucksvolle Burgberg von Myrina vor Augen tritt, erahnt man etwas von der Besonderheit dieser Insel.

Kommt man mit dem Schiff nach Lemnos, ist der erste Eindruck ein ganz anderer. Nicht das unscheinbare Landesinnere prägt den ersten Eindruck, sondern die eindrucksvolle Küstenlandschaft.

Nähert man sich an Deck eines Schiffes dem Hafen von Myrina, wird man von den Umrissen des zackig-schroffen und mächtigen Burgbergs von Myrina mehr und mehr in den Bann gezogen und man bekommt eine Ahnung von der Außergewöhnlichkeit dieser Insel.

Lemnos ist archäologisch nicht unerforscht. Im Gegenteil, es gab umfangreiche archäologische Ausgrabungen, und es gibt sie immer noch. So war und ist Hephaistia im Norden der Insel mit seiner griechischen und hellenistischen Geschichte Schwerpunkt von Ausgrabungen, welche von italienischen Archäologen durchgeführt werden. Seit den 30er Jahren des 20. Jahrhunderts wird in Poliochni im Südosten der Insel die großartige frühbronzezeitliche Hinterlassenschaft archäologisch erforscht und seit einigen Jahren gibt es in Myrina, der Inselhauptstadt, großangelegte archäologische Grabungen.

Dieses Buch begibt sich auf Entdeckungsreise in die unbekannte Geschichte von Lemnos, die wir auf Basis der mythischen Überlieferung und aufgrund archäologischer Entdeckungen an das Tageslicht zu bringen versuchen. Es handelt sich um eine Phase der Menschheitsentwicklung, in welcher Frauen das vorherrschende Geschlecht in der Gesellschaft waren. Diese Kulturstufe wurde vom Schweizer Forscher Johann Jakob Bachofen bereits Mitte des 19. Jahrhunderts wissenschaftlich erforscht und als das Mutterrecht bezeichnet, heute wird im Allgemeinen der Begriff Matriarchat verwendet.

Das Matriarchat ist in der historischen Forschung ein heißumstrittenes Thema. Erstaunlicherweise hat es zu gewissen Zeiten die Tendenz gegeben, das Matriarchat als geschichtliches Faktum anzuerkennen. Das waren einmal die 20er und 30er Jahre des 20. Jahrhunderts, in denen durch Erkenntnisse der ethnologischen Forschung bekannt wurde, dass es in neu entdeckten, fernen Kulturen noch Strukturen existierten, welche eindeutig matriarchale Prägung aufwiesen. In der 70er Jahren des letzten Jahrhunderts kam es in Folge der Frauenbewegung zu einer Renaissance der Matriarchatstheorie. Es folgte aber immer eine mehr oder weniger heftige Gegenbewegung, die das Matriarchat nicht als historisches Faktum, sondern als konstruiertes Wunschdenken abqualifizierte. Offensichtliche, nicht abstreitbare Elemente des Matriarchats wurden durch neue Begriffe abgekapselt und als Randerscheinungen kategorisiert. So wurde der Begriff »matrifokal« eingeführt, was bedeutet, dass es zwar in einzelnen Bereichen einen matriarchalen Schwerpunkt gibt - beispielsweise im Erbrecht, wenn die Erbfolge in der weiblichen Linie erfolgt, doch in der Gesamtheit überwiegen patriarchale, die Männer bevorzugende Strukturen. Es wurde der Begriff »Matrilokalität« geprägt, um die Erscheinung zu erklären, dass der Mann durch seine Heirat in den Stamm bzw. in den Clan der Ehefrau überwechselt. So wurden durch Begrifflichkeiten Einzelaspekte abgekapselt, das Matriarchat als Ganzes aber negiert. Dabei erscheint es doch logischer, aus den vorhandenen Einzelaspekten das Ganze zu rekonstruieren.

Wir verwenden in diesem Buch häufig den Begriff »Amazonen«. Dieser Name ist auch im heutigen Sprachgebrauch sehr verbreitet und dient praktisch als Übergriff für Frauen, die als kämpferisch, besonders tatkräftig und selbstbewusst auftreten. In der griechischen Mythologie galten die klassischen Amazonen im engeren Sinn als ein Frauenvolk, welches in der Gegend des Schwarzen Meeres lebte, sich durch ihre Lebensform radikal unterschied und sich im Kampf gegen griechische Krieger auszeichnete. Wir verwenden hier den Begriff Amazonen im weiteren Sinn, als Überbegriff für Frauen einer matriarchalen Kultur, welche die kriegerische, kämpferische Rolle genauso wie Männer einzunehmen wussten.

Lemnos gilt zwar nicht als die klassische Heimat der Amazonen, stellt aber ein Paradebeispiel für prähistorische matriarchale Kultur dar, da die Insel schon in den frühesten Erwähnungen als Ort gilt, wo Frauen eine herausragende Rolle einnahmen. Wir begeben uns auf dieser landschaftlich so schönen Insel auf Entdeckungsreise, um Licht in diese verloren gegangene Phase der Menschheitsentwicklung zu bringen.

Dieses Buch soll keine umfassende Darstellung der Archäologie von Lemnos sein, obwohl es viele archäologische Informationen beinhaltet und einiges an Unentdecktem, Unerforschtem und bislang Unpubliziertem präsentiert. Es ist auch kein Reiseführer, um mit dessen Hilfe die Schönheiten dieser relativ unbekannten Insel aufzuspüren, obwohl das Buch auch diesem Zweck Genüge tut.

Das Buch soll dem Leser vor Augen führen, dass das gegenwärtige Geschichtsbild noch lange nicht der Weisheit letzter Schluss ist. Es gibt noch vieles zu entdecken und in einem neuen Licht zu betrachten. Dafür ist Lemnos ein Paradebeispiel, denn es liefert uns viel Erstaunenswertes und Rätselhaftes, für dessen Entschlüsselung wir hier einen kleinen Schritt setzen wollen.

Um das Bild abzurunden, schließen wir in diesem Buch eine Untersuchung der Insel Samothrake mit ein. Diese nördlich von Lemnos gelegene Insel weist viele Gemeinsamkeiten mit Lemnos auf, sodass man von einer identischen Kultur für diese hier untersuchte Periode ausgehen kann. Samothrake bildet eine wertvolle Ergänzung, unser Wissen über diese herausragende, jedoch uns so fern stehende Kultur zu erweitern.

Kapitel 1

Lemnos im Mythos

In der griechischen Mythen- und Sagenwelt gibt es eine ganz Reihe von Geschichten, die mit der Insel Lemnos verknüpft sind. Unser Interesse gilt hier besonders jenen mythischen Erzählungen, welche geradezu kennzeichnend für Lemnos sind und spezielle Bedeutung für diese Insel haben.

Hier ist als erstes die sogenannte große lemnische Untat zu nennen.

Im antiken Mythos war Lemnos mit einem Verbrechen verbunden, welches von vielen antiken Autoren als besonders abscheulich beschrieben und als abschreckendes Beispiel zitiert wurde. Es handelt sich um die Ermordung der lemnischen Männer durch ihre Frauen. Eine Reihe von antiken Autoren widmet sich diesem Geschehen mehr oder weniger ausführlich. Die Beschreibung des athenischen Schriftstellers Apollodor, der im 2. Jahrhundert vor Chr. lebte, ist besonders aufschlussreich.

Apollodor erzählt das Ereignis folgendermaßen:

»Unter Iasons Anführung schifften die Argonauten zuerst nach Lemnos. Damals war die Insel ganz männerlos und von Hypsipyle, Thoas' Tochter, beherrscht. Die Veranlassung dieses Zustandes war folgende: Die Lemnierinnen verabsäumten Aphroditens Dienst. Die Göttin behaftete sie zur Strafe mit übelriechendem Geruch. Aus Abscheu verbanden sich die Männer mit kriegsgefangenen Mädchen aus dem benachbarten Thrakien. Die Lemnierinnen, über diese Zurücksetzung erzürnt, morden ihre Väter und ihre Männer. Nur allein Hypsipyle verbirgt ihren Erzeuger Thoas und schont denselben. So war also damals Lemnos von den Frauen beherrscht. Mit ihnen mischten sich die herbeigekommenen Argonauten. Hypsipyle teilte Iasons Lager und gebiert von ihm Euneos und Nebrophonos.«

Der Urvater der Matriarchatsforschung, der Schweizer Johann Jakob Bachofen deutet diesen Mythos so: »In der blutigen Tat der lemnischen Frauen tritt uns die Gynaikokratie (= Frauenherrschaft) in ihrem höchsten,

13

gewaltigsten Ausdruck entgegen. Die Vollbringung des Männermords zeigt die Macht des Weibes auf dem Gipfelpunkt.«

Die Schonung des Vaters durch Königin Hypsipyle sieht Bachofen als Beginn des Übergangs vom Mutterrecht zum Vaterrecht. Dass die Frauen an übelriechendem Geruch leiden, deutet Bachofen als Strafe von der Göttin Aphrodite, weil jene die weibliche Bestimmung - Ehe und Kinderzeugung - vernachlässigen.

Wenn man einmal von Bachofens konservativer Einstellung zur Rolle der Frau absieht, welche im 19.Jahrhundert, in dem Bachofen lebte, als naturgegeben angesehen wurde, so muss man bewundern, mit welchem Mut sich Bachofen mit seinen zur damaligen Zeit sehr gewagten Thesen an die Öffentlichkeit wagte. Immerhin zählte seine Familie zu den angesehensten von Basel. Die Veröffentlichung seiner Entdeckung des Mutterrechts - wie er es nannte - muss ihm überaus wichtig gewesen sein, anderenfalls würde er als angesehener Jurist aus reicher Familie nicht riskiert haben, sein persönliches Ansehen und seine wissenschaftliche Reputation aufs Spiel zu setzen. Allerdings muss man bei seinen Interpretationen Abstriche machen, die aus dem damaligen Weltbild, vor allem in Bezug auf die Rolle der Frau in der Gesellschaft, resultieren. Doch die Kernaussage hat auch heute Gültigkeit: Dieser Mythos über Lemnos spiegelt das Matriarchat wider, welches zu dieser Zeit auf Lemnos vorherrschte.

Aus der Darstellung Apollodors kommt klar hervor, dass auf Lemnos ein Gemeinwesen existierte, welches sich ausschließlich aus Frauen zusammensetzte. Dies ist die Lebensweise der Amazonen, wie sie in der Antike ausführlich beschrieben ist.

Die Amazonen werden oft mit dem Argument in Frage gestellt, dass eine Gesellschaft, die nur aus Frauen besteht, schon alleine aus dem Grund nicht existieren kann, weil sie sich nicht fortpflanzen könne und somit über kurz oder lang ausstirbt. Doch müssen in diesem Zusammenhang wesentliche Details des Amazonenmythos berücksichtigt werden, welche für das Verständnis dieser Lebensform grundlegend sind.

Zwei Varianten des Amazonentums gilt es zu unterscheiden. So gibt es einmal die Amazonen als reine Frauengesellschaft. Diese veranstalteten alljährlich ein Fest mit Männern eines benachbarten Stammes, wo die Amazonen mit den Männern sexuelle Beziehungen eingingen, wodurch sich oft neun Monate später Nachwuchs ergab. Die Knaben wurden bis zu ihrer Geschlechtsreife von den Amazonen großgezogen und danach dem Nachbarstamm übergeben. Die Mädchen wurden zu Amazonen erzogen, erhielten also auch eine kriegerische Ausbildung, lernten zu reiten und mit Waffen zu kämpfen. Besonders die Kunst des Bogenschießens - eine traditionelle Stärke der Amazonen - war Schwerpunkt ihrer Kampfausbildung. Allzu leicht wird diese uns so fernstehende Lebensweise als sagenhaftes Konstrukt gedeutet, welches nur der Phantasie entsprungen sein kann. Dieses Vorurteil konnte jedoch wissenschaftlich widerlegt werden. Diese Art der Geschlechtertrennung mit alljährlicher festlicher Zusammenkunft wurde von Ethnologen in neu entdeckten Kulturen angetroffen und wissenschaftlich erforscht, so kann man diese spezielle Gesellschaftsform zwar als sehr ungewöhnliches, aber als bewiesenes Faktum ansehen.

Daneben gibt es eine zweite, abgeschwächte Form des Amazonentums. In dieser zweiten Variante werden die Amazonen nicht als reine Frauengesellschaft beschrieben, sondern als ein Gemeinwesen mit Männern, wo die Frauen die beherrschende Rolle in der Gesellschaft einnehmen, die Männer hingegen eine inferiore, untergeordnete Stellung innehaben. Diese Art des Amazonentums dürfte ursprünglich auf Lemnos vorgeherrscht haben. Die Männer auf Lemnos waren aber offensichtlich mit ihrer untergeordneten Rolle nicht zufrieden und wählten sich fremde, nicht der matriarchalen Kultur zugehörige Mädchen als Partnerinnen. Diese Schmähung konnten die stolzen Amazonen von Lemnos nicht tolerieren und sahen in der reinen Amazonengesellschaft ihre Zukunft. Laut der Überlieferung wählten sie für die Umsetzung dieses Plans den radikalsten Weg: Sie töteten die Männer.

In diesem Geschehen kommt ein weiteres Element zum Vorschein, welches die Frauen von Lemnos klar als Amazonen charakterisiert. Es waren die Frauen, die im Umgang mit den Waffen geübt waren und nicht die Männer. Anderenfalls wäre es nicht möglich gewesen, dass die Männer ohne große Gegenwehr von den Frauen getötet worden sind.

Diese Form einer von Frauen dominierten Gesellschaft stellte zu dieser Zeit in dieser Region bereits eine extreme Ausnahme dar. Dies äußert sich schon in der Beschreibung der thrakischen Mädchen, die vom benachbarten Festland kommend, offenbar nicht matriarchal geprägt waren.

Die lemnischen Frauen konnten ihre Gesellschaftsform zu einer Zeit, wo rundum patriarchale Stämme dominierten, nicht über lange Dauer bewahren. Dies spiegelt sich in der Geschichte mit den Argonauten wider. Durch ihre Hingabe an die patriarchalen Argonauten gaben die lemnischen Frauen ihr Amazonentum preis. Ob dieses Aufgeben so ganz ohne Widerstand - wie im Mythos beschrieben - vonstatten ging, darf - so wie die Amazonen im Allgemeinen charakterisiert sind - bezweifelt werden. Doch könnte man diese Episode mit den Argonauten auch in eine ganz andere Richtung deuten, und zwar als Beschreibung der alljährlichen rituellen Zusammenkunft eines Männerverbandes mit den lemnischen Amazonen.

Die Frauen von Lemnos bildeten die vorletzte matriarchale Gesellschaft in diesem Kulturraum, welche wir aufgrund der antiken Geschichtsschreibung rekonstruieren können. Allein in der abgeschiedenen Region am Thermodon in der Nordtürkei konnte sich das Amazonentum noch über längere Zeit behaupten. Es existierte noch zur Zeit des trojanischen Krieges. So soll eine Gruppe von Amazonen unter Führung der Königin Penthesilea die Trojaner im Kampf gegen die Griechen unterstützt haben.

Als nächstes wenden wir uns einer weiteren mythologischen Überlieferung zu, welche speziell mit Lemnos verknüpft ist - der sogenannten zweiten lemnischen Untat.

Der griechische Historiker Herodot - er lebte im 5. Jahrhundert vor Chr. und wurde schon in der Antike als »Vater der Geschichtsschreibung« bezeichnet - überlieferte folgende Episode aus der frühen Geschichte von Lemnos. Sie handelt von den Pelasgern, welche Lemnos vor der Besiedlung durch die Griechen bewohnten. Nach seinem Bericht lebten die Pelasger einst in der Gegend um Athen, wo sie auch die Stadtmauer aus mächtigen Steinblöcken, die sogenannte »Pelasgische Mauer«, errichteten. Die Griechen vertrieben sie jedoch von dort und die vertriebenen Pelasger ließen sich daraufhin auf Lemnos nieder. Aus Rache unternahmen die Pelasger einen Beutezug nach Brauron bei Athen, wo die athenischen Frauen gerade ein Fest zu Ehren der Göttin Artemis abhielten. Sie raubten einige Frauen und brachten sie mit nach Lemnos. Mit diesen zeugten sie Kinder, doch die geraubten athenischen Frauen erzogen die Kinder nach ihrer Tradition und nicht nach jener der Väter.

Die Kinder nahmen nur die Sprache und Sitten der Mütter an und hielten, von den Müttern in allen Belangen unterstützt, gegen die rein pelasgischen Kinder fest zusammen. Den Pelasgern wurde bewusst, dass diese, wenn sie bereits als Kinder massiv Widerstand leisteten, als Erwachsene eine große Gefahr darstellen würden, und aus diesem Grund töteten sie die Kinder und auch die Mütter. Diese Tat ging in die Geschichte als die zweite lemnische Untat ein, nach jener ersten, der Ermordung der Männer zur Zeit der Königin Hypsipyle.

Obwohl sich die beiden Geschichten in vielem unterscheiden, haben sie doch einen gemeinsamen Grundgehalt. Es sind immer selbstbewusste, starke Frauen, die den Kern der Erzählung bilden. Während allerdings in der zeitlich früheren Geschichte die Frauen die Stärkeren sind, sind sie in der zweiten Geschichte die Verliererinnen. Die frühere Episode zeigt das Matriarchat in seiner vollen Blüte, hier sind die Frauen den Männern überlegen. In der späteren Geschichte ist noch die einstige Stärke der Frauen spürbar, die matriarchale Gesinnung ist noch vorhanden, doch das Blatt hat sich gewendet, die Männer sind die Stärkeren.

Jedenfalls ist es erstaunlich, dass diese beiden Geschichten, welche die Stärke der Frauen - obwohl mit unterschiedlicher Ausprägung - zum Inhalt haben, gerade mit Lemnos verknüpft sind.

Der Mythos von der zweiten lemnischen Untat hat auch eine unmittelbare historische Komponente, sodass die oft versuchte Trennung - hier Mythos, da historischer Bericht - in diesem Fall nicht durchgängig ist.

In Folge der zweiten lemnischen Untat wurde Lemnos von großem Unheil heimgesucht. Ernten fielen aus, der Viehbestand dezimierte sich, die Geburtenrate ging stark zurück. Man litt stark unter dem Nahrungsmangel und dem Geburtenrückgang. Deshalb schickten die Lemnier eine Delegation nach Delphi, um von der Orakelpriesterin zu erfragen, was sie dagegen tun könnten. Sie erhielten zur Antwort, dass sie sich jeder Strafe unterziehen müssten, welche die Athener verlangten. Daraufhin gingen sie nach Athen und erklärten ihre Bereitschaft, ihnen Genugtuung für das Verbrechen zu leisten. Die Athener bereiteten vor den Lemniern einen Tisch voller reicher Gaben und verlangten, sie sollten ihnen Lemnos in gleich gutem Zustand übergeben. Die Lemnier antworteten, sie würden dies tun, wenn ein Schiff bei Nordwind innerhalb eines Tages von Athen nach Lemnos segelt – wohl wissend, dass dies unmöglich ist.

Dieses alte Orakel wurde im Jahr 510 vor Chr. von den Athenern zum Anlass genommen, um sich Lemnos einzuverleiben. Der athenische Feldherr Miltiades segelte mit seiner Flotte von der nördlich gelegenen athenischen Kolonie Elaios am Hellespont innerhalb eines Tages bei Nordwind nach Lemnos. In Hephaistia angekommen, erinnerte er die Lemnier an die Prophezeiung, worauf diese ihre Stadt den Athenern freiwillig übergaben. Anders verhielten sich die Bewohner von Myrina, denn sie widersprachen, dass Elaios Teil von Attika sei, woraufhin Miltiades die Stadt belagerte, bis sich die Einwohner schließlich ergaben.

Aus dieser Episode erkennt man, wie eng verwoben oft mythische und historische Elemente sind, sodass eine klare Trennung unmöglich ist.

Ein in diesem Zusammenhang interessantes Detail erfahren wir durch den griechischen Autor Thukydides. Er war der Geschichtsschreiber des Peloponnesischen Krieges (431-404 vor Chr.). Diesen Krieg beschrieb er mit Akribie und großer Nüchternheit, und er wird wegen seiner Objektivität hochgeschätzt. Thukydides berichtet also, dass die Pelasger, welche Lemnos einst besiedelt hatten, eigentlich Tyrrhener gewesen seien. Die Tyrrhener sind identisch mit den Etruskern, welche vor den Römern in Italien eine Hochkultur gegründet hatten. Die etruskische Kultur war geradezu das Fundament, worauf die Römer ihre Kultur und in Folge ihr Weltreich aufbauten. Der tyrrhenische Name hat sich bis heute bewahrt, das Meer zwischen der italienischen Halbinsel, Sardinien und Sizilien heißt heute das Tyrrhenische Meer. Erstaunlicherweise findet die Feststellung des Thukydides eine Bestätigung durch eine Grabstele, die in Kaminia auf Lemnos gefunden worden war. Die Inschrift dieses Grab- oder Gedenksteins wurde mit griechischer Schrift in einer unbekannten Sprache verfasst. Sprachforscher fanden heraus, dass diese Sprache eng verwandt mit dem Etruskischen ist. Bemerkenswert ist zudem, dass - so wie auf Lemnos - auch in der etruskischen Kultur Frauen einen ungewöhnlich hohen Stellenwert genossen. Das führt uns die Sage um die Etruskerin Tanaquil eindringlich vor Augen. Diese etruskische Frau hatte maßgeblichen Einfluss bei der Bestellung von zwei frühen römischen Königen. Es war ihr Verdienst, dass ihr Ehemann, welcher nur der Sohn eines griechischen Einwanderers war, zum römischen König Tarquinius Priscus bestellt worden ist. Ebenfalls ihrem politischen Geschick und

Einfluss war es zu verdanken, dass der Ehemann ihrer Tochter Tarquinia, Servius Tullius, römischer König wurde.

Nach den lemnischen Untaten wenden wir uns einer männlichen mythischen Gestalt zu - mit vermutlich historischem Hintergrund, welche mit Lemnos besonders eng verbunden war. Es ist dies der griechische Held Philoktet. Er nimmt am Kriegszug der Griechen gegen Troja teil, wird aber auf der Hinfahrt nach Troja auf der Insel Lemnos, wo sie Zwischenstation machten, von eine giftigen Schlange gebissen. Seine Kameraden lassen den unter starken Schmerzen leidenden Philoktet auf der Insel zurück. Hier vegetiert er in einer Höhle am Meer. Durch eine Weissagung erfahren die Griechen vor Troja, dass nur mit Philoktet und seinem berühmten Bogen, den er von Herakles erhalten hatte, Troja bezwungen werden könne. Man entschließt sich, Philoktet von Lemnos zu holen. Nur mit viel Überredungskunst gelingt es den Griechen, dass ihnen der schmählich Zurückgelassene verzeiht und wieder mit ihnen nach Troja kommt.

Philoktet war eine dermaßen wichtige Gestalt für die Griechen, dass alle drei großen Tragödiendichter Griechenlands, Aischylos, Sophokles und Euripides, ein Stück über ihn verfassten. Seine Beziehung zu Lemnos ist eine des Leidens und der menschlichen Enttäuschung. Aber wir dürfen auch eine kultische Komponente vermuten, zumal die sogenannte Höhle des Philoktet in unmittelbarer Nähe des berühmten Kabirenheiligtums liegt.

Von den griechischen Göttern ist Hephaistos - der hinkende Gott der Schmiedekunst - eng mit Lemnos verbunden. Auf diese Insel stürzte er, als Göttervater Zeus ihn im Zorn vom Olymp schleuderte. Es gab in der Antike auf Lemnos einen Ort namens Hephaistia, wo dieser Gott kultische Verehrung genoss.

Mit dem Matriarchat hat Hephaistos vordergründig nichts zu tun, abgesehen davon, dass er der Ehemann der Liebesgöttin Aphrodite ist, die den hässlichen, verkrüppelten Mann nach Strich und Faden betrügt. Insofern passt Hephaistos zu Lemnos, denn er ist eindeutig der Schwächere in seiner Ehe, er ist Aphrodite klar unterlegen und passt somit vorzüglich zu den lemnischen Männern, welche den Frauen untergeordnet waren und schonungslos von ihren Frauen ermordet wurden, als sie jene vernachlässigten.

Eine weitere in diesem Zusammenhang interessante Episode über die früheren Bewohner von Lemnos verdanken wir ebenfalls dem griechischen Historiker Herodot. Er berichtet, dass die Ureinwohner von Lemnos - von Herodot als Minyäer bezeichnet - von den Pelasgern aus Lemnos vertrieben worden waren. Die aus ihrer Heimat vertriebenen Lemnier segelten nach Sparta und ließen sich am Fuß des Taÿgetos nieder. Auf die Frage der Spartaner, warum sie gerade hierher gekommen waren, antworteten jene, dass sie in die Heimat ihrer Väter wollten, denn unter den Argonauten, die einst nach Lemnos gekommen waren, waren die Spartaner Kastor und Polydeukes gewesen. Die Spartaner ließen sie in ihrem Land wohnen. Die Neuankömmlinge integrierten sich schnell, heirateten einheimische Frauen und die Spartaner lemnische Frauen. Doch als die Lemnier immer mehr Rechte forderten, zuletzt auch Anspruch auf die königliche Macht erhoben, war es den Spartanern zu viel. Sie nahmen die lemnischen Männer gefangen und verurteilten sie zu Tode. Ihre Ehefrauen aber, geborene Spartanerinnen, verlangten danach, ihre Männer im Gefängnis zu besuchen. Das wurde ihnen gewährt. Im Gefängnis wechselten sie ihr Gewand mit dem ihrer Männer und so konnten diese, als Frauen verkleidet, entkommen.

Diese Geschichte gibt ein anschauliches Bild von der besonderen Stellung der Frauen wieder, die hier mit Mut und Schlauheit ihre Männer vor dem Tod retteten. Zwar handelt es sich hier um angeheiratete Frauen der Lemnier - um gebürtige Spartanerinnen, doch waren auch die Spartanerinnen für ihre hohe Stellung in der Gesellschaft bekannt. Auch dürfte der Einfluss der matriarchal geprägten, zugewanderten lemnischen Frauen, das Selbstbewusstsein und das Gefühl der eigenen Stärke gefördert haben.

Auf jeden Fall ist es sehr bezeichnend, dass gerade diese Geschichte, in der die Frauen eine sehr aktive und starke Rolle einnehmen, mit Lemnos verknüpft ist. Interessant ist ebenfalls, dass diese Geschichte an die Argonauten und somit an die erste lemnische Untat anknüpft. Wie bereits beschrieben, ist die sogenannte erste lemnische Untat mit dem Matriarchat auf Lemnos in Beziehung zu setzen.

Spannen wir wieder einen Bogen zurück zur ersten lemnischen Untat, welche als allergrößtes Verbrechen in der Antike angesehen wurde.

So sagt der Tragödiendichter Aischylos im Stück »Die Grabesspenderinnen« im Hinblick auf die hinterhältige Ermordung des griechischen Feldherrn Agamemnon durch seine Frau Klytaimnestra:

Von allen Untaten ragt die lemnische;

Als ganz verrucht wird in aller Sage sie nachgeklagt; doch dieses Greul,

Wohl wird's mit Recht dem von Lemnos gleichgenannt.

Abschließend stellt sich die Frage, ob ausschließlich der Akt der Ermordung der Männer durch ihre Frauen in den Augen der Griechen als so besonders abscheulich betrachtet wurde, oder darüber hinausgehend die außergewöhnliche Gesellschaftsform - das Matriarchat, wo die Männer den Frauen untergeordnet waren?

Abb. 1: Amulett aus Blei in Gestalt eines Löwen, gefunden in Poliochni

Kapitel 2

Myrina, die Inselhauptstadt

Myrina, die quirlige Hauptstadt von Lemnos, liegt an der Westseite der Insel und ist das politische, wirtschaftliche und gesellschaftliche Zentrum. Ein mächtiger Burgberg beherrscht das Stadtbild. Das imposante Felsmassiv, worauf sich die Burg von Myrina - das Kastro - erstreckt, ragt zwischen der Tourkikos Yalos Bucht im Süden, wo sich heute der Hafen befindet, und der breiten Romeikos Yalos Bucht im Norden - der Flaniermeile von Myrina, weit in das Meer hinaus.

Abb. 2: Myrina mit dem markanten Burgberg, von Norden aus gesehen

Es ist offensichtlich, dass dieser die Landschaft beherrschende Hügel immer ein zentraler Bezugspunkt war. Zahlreiche Ruinen aus byzantinischer, venezianischer, genuesischer und türkischer Zeit belegen seine Bedeutung in geschichtlicher Zeit. Doch jene sind es nicht alleine, die ins Auge fallen und Interesse erregen, fast noch auffallender und noch interessanter erscheinen die monumentalen Überreste aus wesentlich früherer, aus prähistorischer Zeit.

Besteigt man den Burgberg von der Stadtseite her, sind es diese uralten Bauten, welche als Erstes beeindrucken. Eine mächtige kyklopische Mauer - so bezeichnet man eine mittels großer, unbearbeiteter Steinblöcke

23

zusammengefügte Mauer - hat sich über die mehreren Jahrtausende erhalten können.

Abb. 3: Überrest der kyklopischen Mauer auf dem Burgberg

Man sieht rätselhafte, in den Fels gearbeitete Räume, wobei man sich die Frage stellt, warum die Menschen der damaligen Zeit sich so viel Mühe gemacht hatten, derart aufwändige Räume in den Fels zu schlagen.

Abb. 4: Rätselhafte Felsräume und Treppen

Offensichtlich waren jene von großer Wichtigkeit und müssen eine besondere Bedeutung innegehabt haben, eine Funktion als Kulträume scheint naheliegend.

Abb. 5: Treppensystem und Felsbank

Abb. 6: Nische mit Felszeichnung

Man erkennt ein steil nach oben verlaufendes Treppensystem sowie eine Steinbank, die wie eine Tribüne anmutet. Man findet in den Fels geschlagene Abflussrinnen, Felsen mit rechtwinkeligen Nischen. Je genauer man schaut, umso mehr Spuren aus prähistorischer Zeit erkennt man.

Besonders auffällig sind Abbildungen von menschlichen Geschlechtsorganen. Plastische und in den Fels gezeichnete Darstellungen von Vulva und Phallus findet man praktisch an jedem frühbronzezeitlichen Fundplatz auf Lemnos. Sie waren wichtige religiöse Symbole der Frühbronzezeit und repräsentieren die für die Menschen dieser Zeit ungemein wichtige Fruchtbarkeit.

Durch eine mächtige, ursprünglich wohl byzantinische Toranlage betritt man den Innenbereich der Burg. Die Ruinen einer byzantinischen Kirche sowie weitere Gebäudereste aus byzantinischer und türkischer Zeit prägen den ersten Eindruck. Doch auch in diesem Bereich sind Spuren aus prähistorischer Zeit feststellbar.

Am Nordabhang der Burg - in Blickrichtung zur Kultstätte Richa Nera, der wir uns noch gesondert widmen werden, befindet sich ein hervorgehobener Platz mit zwei Plattformen direkt über dem steil ins Meer abfallenden Felsabhang.

Abb. 7: Vermutlicher Opferplatz

Abb. 8: Blick auf den gegenüberliegenden Kultfelsen Richa Nera

Die Gestaltung des Platzes und seine Position, genau im Angesicht des wie eine dämonische Fratze wirkenden Kultfelsens Richa Nera, suggeriert, dass es ein Kultplatz, vermutlich ein Opferplatz, war.

Auf ungefähr gleicher Höhe, etwas weiter westlich und ebenfalls in Blickrichtung zum Richa Nera Hügel, entdeckten wir im Fels Zeichnungen von menschlichen Figuren - zwar schwach erkennbar aber eindeutig.

Abb. 9: Felszeichnung am Burgberg von Myrina

Abb. 10: Felszeichnung (Nahaufnahme)

Man erkennt zwei Gestalten, die Rücken an Rücken stehen. Die linke Figur dürfte männlich sein, wir erkennen in ihr einen groß gewachsenen, schlanken jungen Mann. Er hält in der ausgestreckten Hand einen Gegenstand, welcher nicht klar erkennbar ist. Es sieht aus, als ob der Jüngling eine kleine Kultstatue in der Hand hält, zumindest ein wertvolles Kultobjekt; das verrät uns seine gespannte, hingebungsvolle Haltung.

Die rechte kleinere Figur ist aufgrund ihrer Körperform eine Frau. Sie scheint eine besondere Art von Kopfbedeckung zu tragen, möglicherweise einen Helm aus Tierfell, ähnlich dem Löwenkopfhelm, welchen Herakles, der griechische Held, getragen hatte. Sie scheint ebenfalls einen Gegenstand zu halten, möglicherweise einen Bogen. Aufgrund des Erscheinungsbildes kann man diese behelmte Frau als Kriegerin interpretieren. In Kombination mit der griechischen Mythologie - gerade in Verbindung mit Lemnos - könnte man sie als Amazone deuten. In diesem Zusammenhang ist auch die Funktion des neben ihr dargestellten Jünglings zu hinterfragen. Ist es ein ihr untergebener Mann, der in ihrem Auftrag das Kultobjekt trägt?

Dieses Felsbild am Burgberg von Myrina stellt kein Unikat dar. Etwas oberhalb des Felsens mit der gerade beschriebenen Felszeichnung befindet sich eine mächtige Höhle.

Abb. 11: Höhleneingang

An der Rückwand dieser Höhle scheinen ebenfalls Felszeichnungen aus prähistorischer Zeit eingraviert.

Abb. 12: Höhle mit Felszeichnung

Auch in diesem Fall ist aufgrund des Erhaltungszustands eine Deutung des Dargestellten sehr schwierig, doch scheint es sich hierbei um Phantasiegestalten zu handeln. Die linke Figur weist einige Ähnlichkeit mit einem großen Bären auf, besonders das Gesicht ist einigermaßen gut erkennbar. Möglicherweise ist es weit hergeholt, doch könnte diese Bärendarstellung in einer Höhle auf Schamanismus hindeuten.

Ähnlich rätselhafte Felszeichnungen sind auch in Hephaistia im Norden von Lemnos zu sehen. Das vorgelagerte Felsenkap mit den vorgeschichtlichen Bauwerken und Felszeichnungen hat den vielsagenden Namen »Ekato Kefalon«, übersetzt bedeutet der Name »Hundert Köpfe«.

Kehren wir nun zurück zum Burgberg von Myrina. Auch am Gipfel des Hügels von Myrina findet man - wenn man genauer schaut - zahlreiche vorgeschichtliche Spuren. Eine Felsplatte im westlichen Abschnitt zum offenen Meer hin zeigt Orientierungslinien.

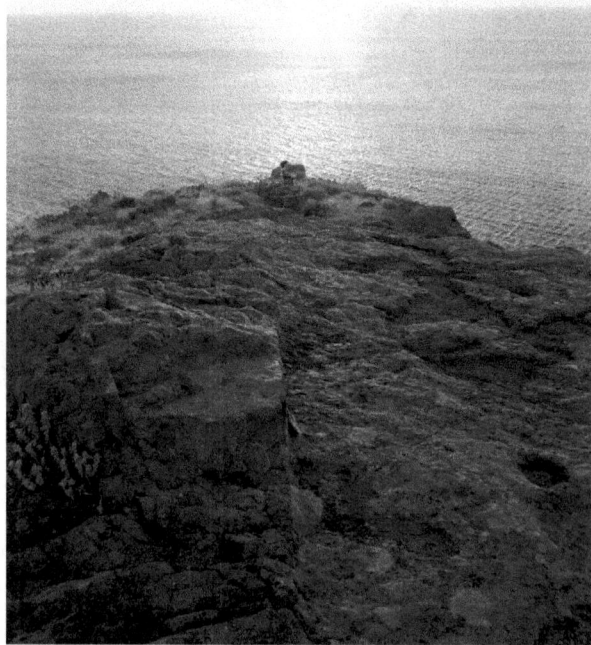

Abb. 13: Orientierungslinien am Burgberg in Richtung Berg Athos

Dieser Platz könnte als Aussichtswarte zur Beobachtung des Laufs der Sonne und des Mondes gedient haben. Vom Burgfelsen aus sieht man im Nordwesten bei guter Sicht den Berg Athos am griechischen Festland. Zweimal im Jahr, am 21. Mai und am 21. Juli ist hier ist ein spektakuläres Naturphänomen zu bewundern. Die Sonne geht genau über der Bergspitze unter und taucht dabei den Berg Athos in ein feuerrotes Licht.

Abb. 14: Der Burgberg von Myrina, von Nordwesten gesehen

Abb. 15 & 16: Sonnenuntergang - Sonne genau über bzw. hinter dem Athos (21. Juli)

Dieser mächtige Berg ist auch heute noch von großer religiöser Bedeutung für die Griechen, denn hier hat die berühmte Mönchsrepublik ihre Heimat. Ganz im Westen des Burgbergs von Myrina stößt man auf einen tiefen Einschnitt im Felsmassiv.

Abb. 17: Markanter Felseinschnitt (Hafen ?)

Dieser Felseinschnitt scheint künstlich ausgebaut. Es hat den Anschein, dass dies einst ein kleiner Hafen - möglicherweise nur für Notsituationen - gewesen war. Der Platz ist vor den Winden gut geschützt und zu Fuß vom Burgberg aus mittels eines Klettersteigs oder mit Hilfe von Seilen zugänglich.

Auch auf der Südseite des Burgbergs von Myrina sind Felsbearbeitungen in Form von Steinstufen zu erkennen. Bestechend ist der Blick in Richtung Süden. Am Horizont ist die kleine Insel Agios Eustrathios zu sehen, direkt unter dem Burgberg sieht man den Hafen von Myrina und anschließend die Bucht von Plati. Hier fallen zwei kleine, ungefähr gleich große nebeneinander liegende Inseln ins Auge.

Abb. 18: Inselgruppe in der Bucht von Plati

Dieses Landschaftsmotiv erinnert an die markante Zwillingskuppe von Poliochni, welche ebenfalls in Blickrichtung Süden gelegen ist. Der Ort Poliochni, dem mir uns im nächsten Kapitel eingehend widmen werden, liegt an der Ostküste von Lemnos. Hier wurde vor einigen Jahrzehnten eine beeindruckende prähistorische Siedlung entdeckt, welche die Ausgräber veranlasste, sie als die älteste Stadt Europas zu titulieren.

Zurück zu Myrina: Zahlreiche Hirsche bevölkern den Burghügel - sie sind ein willkommener Grund zum Innehalten und zum Beobachten der schönen, scheuen Tiere. Hier drängt sich förmlich eine Parallele auf. In der Antike war der Hirsch das Kulttier der Göttin Artemis, jener jungfräulichen, kämpferischen Göttin der Jagd, welche auch im Kult der Amazonen eine wichtige Rolle spielt.

Abb. 19: Hirsche am Burgberg von Myrina

33

Eine weitere landschaftliche Besonderheit des Burgbergs von Myrina soll hier noch erwähnt werden. Wenn man Myrina aus einiger Entfernung von den westlich gelegenen Hügeln aus betrachtet, dann fällt auf, dass die Silhouette des Burghügels von Myrina fast deckungsgleich mit jener des Berges Athos jenseits des Meeres ist. Hatten die prähistorischen Bewohner diesen merkwürdigen Zufall schon wahrgenommen und deshalb den Burgberg von Myrina als besonders heilige Stätte angesehen?

Nicht nur auf dem Burghügel von Myrina entdeckte man prähistorische Spuren; bei Grabungen im Zentrum der heutigen Stadt Myrina stieß man auf Funde aus der gleichen Zeit. Besonders hervorzuheben ist hier der Fund von Pfeilspitzen.

Innerhalb dieses Kulturraums wurden zu dieser Zeit - der Frühbronzezeit - nur auf Lemnos Pfeilspitzen gefunden.

Abgesehen von Myrina entdeckte man auch in Poliochni, der frühbronzezeitlichen Stadt im Osten der Insel, Pfeilspitzen und in der Stadtmauer von Poliochni gab es spezielle Schlitze, welche eigens für Bogenschützen eingebaut waren. All diese Indizien beweisen, dass das Kämpfen mit Pfeil und Bogen auf Lemnos - und nur auf Lemnos zu dieser Zeit - von großer Bedeutung war; und diese Tatsache führt uns wieder zu den Amazonen. Denn diese kämpferischen Frauen galten als hervorragende Bogenschützinnen.

Die vorgeschichtlichen Fundplätze beschränken sich nicht auf das Kastro und das Stadtzentrum von Myrina; in der näheren Umgebung gibt es weitere markante Plätze, welche den gleichen kulturellen Zusammenhang manifestieren. Diese Häufung von prähistorischen Spuren belegt eindrucksvoll, welche große Bedeutung Myrina bereits in vorgeschichtlicher Zeit hatte.

Wie bereits mehrmals erwähnt, liegt dem Burghügel von Myrina ein auffälliges Felsengebilde gegenüber - der Kultfelsen von Richa Nera.

Abb. 20: Richa Nera (Gesamtansicht)

Abb. 21: Richa Nera (Nahansicht)

Zackige Felsengebilde unterschiedlicher Größe in dunkelgrauer Farbe
formen die Gestalt dieses Hügels. Direkt vor Ort sieht man eindeutige
Felsbearbeitungen durch Menschenhand, der gesamte Komplex zeigt klare
Merkmale einer vorgeschichtlichen Kultanlage. Das hervorstechende, von
weitem erkennbare Merkmal des Hügels ist der oberste Felsblock, welcher
die Züge eines dämonischen, finster blickenden Gesichts trägt. Ob dieser
durch menschliche Bearbeitung oder durch eine Laune der Natur seine

35

Form erhalten hatte, ist für seine Bewertung nicht wesentlich. Dieses auffallende Felsgebilde ist zur Burg von Myrina orientiert. Ein Zusammenhang mit dem gegenüberliegenden mutmaßlichen Opferplatz auf der Burg scheint naheliegend.

Während die Süd- und Westseite des Hügels schroff ins Meer abfallen, sind am nördlichen Fuß dieses Hügels parallel verlaufende Steinmauern sichtbar.

Unserer Meinung nach könnte es sich hier um die Überreste einer doppelten Ummauerung des Kultareals handeln. Es könnte aber auch sein, dass dies der von niederen Mauern eingefasste Prozessionsweg war, welcher zum Kultplatz führt.

Dieser klar hervorgehobene, vorgeschichtliche Kultplatz hat einen speziellen offenen Raum in etwa rechteckiger Form, welcher auf drei Seiten von Felswänden gebildet wird.

Abb. 22: Kultplatz

Rätselhaftes zeigt die linke Felswand dieses Kultheiligtums. Zu sehen sind zwei Reihen in den Felsen gebohrte kleine Schlitze, welche systematisch angeordnet sind.

Abb. 23: Rätselhafte Schlitze im Felsblock

Diese Einkerbungen sind alle in der Breite annähernd gleich, in der Höhe differieren sie leicht. Alle laufen innen spitz zu. Auch auf der Schmalseite des Felsens sind derartige Markierungen sichtbar und auch ein anschließender Fels zeigt diese Merkmale, allerdings nicht in horizontaler, sondern in vertikaler Anordnung. Die Funktion dieser Einkerbungen ist sehr rätselhaft und entzieht sich bisher einer vernünftigen Erklärung, doch scheint ein kultischer Zusammenhang naheliegend.

Die Felsen des Hügels sind häufig mit Bohrungen verziert, eine auffallend große Durchbohrung eines Felsens ist nach Westen, in Blickrichtung zum Berg Athos, orientiert.

Ein weiterer Felshügel nahe dem Strand von Richa Nera fügt sich in diese prähistorische Kulturlandschaft bestens ein. Auf diesem Hügel, wo heute ein Zypern-Denkmal steht, finden sich Spuren im Fels, welche vermutlich aus vorgeschichtlicher Zeit stammen. Man sieht in Fels gehauene Stufen und Felsbohrungen und erkennt ein angelegtes Wegesystem, das mühevoll in den Stein geschlagen wurde. Auf dem Gipfel des kleinen Felshügels ist eine künstlich geschaffene Felsplattform wahrzunehmen, diese ist als Kultplatz zu identifizieren. Die Art der Felsbearbeitung auf diesem Hügel entspricht derjenigen, welche wir auf der Burg von Myrina und im Kultareal von Richa Nera vorgefunden haben.

Von diesem Platz aus blickt man sowohl zur Burg von Myrina als auch zum Kultheiligtum von Richa Nera. Ein kultisch-ritueller Zusammenhang dieser drei Plätze scheint offensichtlich.

Die Buchten von Richa Nera und Romeikos Yalos werden von einer kleinen Felszunge getrennt, worauf sich heute ein Militärstützpunkt befindet. An diesem Ort, genannt Officers' Club, wurden von den Archäologen die frühesten Siedlungsspuren entdeckt. Eine Verbindung mit den vorhin beschriebenen Plätzen scheint gegeben, leider ist eine genaue Spurensuche hier aufgrund der Nutzung als Militärstützpunkt nicht möglich.

In jüngerer Zeit fanden großangelegte archäologische Ausgrabungen im nördlichen Teil von Myrina, im Stadtteil Androni statt. Das Ergebnis war die Entdeckung einer ausgedehnten frühbronzezeitlichen, städtischen Wohnsiedlung.

Abb. 24: Neue Ausgrabungen im Stadtteil Androni, Myrina

Abb. 25: Nordteil des Ausgrabungsareals von Androni, Myrina

Ganz gleich wie in Poliochni wurde dort ein schwer überschaubares Gewirr von kleinräumigen Häusern freigelegt. Die Mauern waren, so wie in Poliochni, aus kleinen bis mittelgroßen, unbearbeiteten Steinen zusammengefügt. Auch der für Poliochni typische Megaron-Haustyp konnte hier nachgewiesen werden. Die Ausgrabungen belegen, dass nicht nur auf der Ostseite - in Poliochni gegenüber von Troja - eine frühbronzezeitliche Siedlung, die auch die Bezeichnung Stadt verdient, existiert hatte, sondern auch auf der Westseite der Insel, an der Stelle der heutigen Inselhauptstadt Myrina. Die Siedlung von Myrina war außerdem um einiges größer als jene von Poliochni. Interessanterweise befindet sich die ausgegrabene Stadtanlage von Androni in unmittelbarer Nähe zu den gerade beschriebenen frühbronzezeitlichen Kultplätzen, wodurch der Zusammenhang zwischen der Stadt als Wohnbereich und jenen Plätzen als Kultstätten verständlich wird.

In Avlonas, wenige Kilometer nördlich von Myrina, nur durch eine kleine Anhöhe von Richa Nera getrennt, wurde ein bedeutendes griechisches Artemisheiligtum aus dem frühen 1. Jahrtausend vor Chr. ausgegraben.

Die Errichtung eines Heiligtums zu Ehren der Artemis, jener jungfräulichen Jagdgöttin, die in enger Verbindung zu den Amazonen stand, passt vortrefflich in das Gesamtbild der Insel, welche als die von Frauen beherrschte Insel bezeichnet worden war. Bereits in Zusammenhang mit den Hirschen auf dem Burghügel von Myrina haben wir die jungfräuliche Göttin der Jagd in Erinnerung gerufen.

Abb. 26: Artemisheiligtum in Avlonas nördlich von Myrina

Die Überreste des griechischen Tempels sind in der modernen Hotelanlage, welche sich heute an dieser Bucht befindet, integriert. Besonderes Interesse erweckt allerdings ein auffälliges Felsengebilde.

Ein mächtiger Felsen direkt neben dem griechischen Heiligtum suggeriert bei intensiverer Betrachtung die Gestalt eines Pferdekopfes (Abb. 27).

Die kultische Verehrung des Pferdes passte gut zu der jugendlichen Göttin der Jagd, aber auch zu den Amazonen. Diese kämpferischen Frauen galten einerseits als exzellente Reiterinnen, andererseits hatte das Pferd kultische Bedeutung, denn in ihrem Heiligtum auf der kleinen Insel Aretias, in der Nordtürkei, sollen sie Pferde als Opfergaben dargebracht haben.

Abb. 27: Felsgebilde beim Artemisheiligtum von Avlonas

In diesem Zusammenhang ist bemerkenswert, dass auch heute auf der Insel Lemnos eine lebendige Pferdetradition existiert, so findet alljährlich ein traditionelles Pferderennen in Kalliopi statt.

Einer der antiken Namen der Insel Lemnos war Dipolis, was übersetzt »Zwei Städte« bedeutet. Eine dieser Städte war ohne Zweifel Myrina, welche heute der wichtigste Ort auf Lemnos ist und - wie hier dargestellt - offensichtlich bereits in der Frühbronzezeit sehr große Bedeutung hatte.

Kapitel 3

Poliochni, die älteste Stadt Europas

Poliochni ist die bedeutendste frühbronzezeitliche Fundstätte an der Ostküste von Lemnos. Diese uralte Siedlung liegt dem berühmten Troja gegenüber, jener sagenumwobenen Stadt am kleinasiatischen Festland, welche durch Homers Ilias und Odyssee Berühmtheit erlangte. Aufgrund der sensationellen Entdeckung von Troja durch Heinrich Schliemann wurde diese legendäre Stadt zur historischen Tatsache und sie fand Eingang in die Geschichtsbücher. Ebenso verheißungsvoll ist Poliochni, zumal das frühbronzezeitliche Poliochni um einiges größer war als das damalige Troja und von den baulichen Strukturen her wesentlich entwickelter. Dieses ist auch der Grund, dass Poliochni als die »älteste Stadt Europas« bezeichnet wird.

Abb. 28: Überblick der Ausgrabungsstätte von Poliochni

Abb. 29: Überblick der frühbronzezeitlichen Siedlung (Nord-Süd Richtung)

Abb. 30: Die Bucht von Poliochni

Die Siedlung erstreckte sich über einen sanft abfallenden Hügel direkt an einer breiten, offenen Meeresbucht. Diese Bucht bietet einen natürlichen Hafen, welcher auch heute von den Fischern genutzt wird. Es ist davon auszugehen, dass diese natürliche Hafenanlage von den bronzezeitlichen Bewohnern nicht nur als Fischerhafen, sondern auch als Ausgangspunkt für Fahrten per Schiff zum kleinasiatischen Festland und zu den benachbarten Inseln genutzt worden war. Aus den seichten Gewässern der Bucht stechen zwei annähernd parallele, längliche Felssockel hervor (Abb. 30). Sie muten an wie die Überreste einer prähistorischen Hafenanlage.

Die kulturelle Blüte Poliochni dauerte lange – in etwa 1000 Jahre. Gegen Ende des 4. Jahrtausends vor Chr. wurde Poliochni gegründet, um 2100 vor Chr. wurde die Stadt durch eine Naturkatastrophe, vermutlich durch ein Erdbeben zerstört und blieb dann für längere Zeit unbewohnt. Im 2. Jahrtausend vor Chr. wurde Poliochni zwar wieder besiedelt, doch es war eine bescheidene Kultur, die mit der großartigen Kultur des 3. Jahrtausends nicht vergleichbar ist.

Die Ausgräber von Poliochni konnten mehrere Phasen der Siedlungsgeschichte feststellen, welche sie nach einem Farbschema einteilten. In der ältesten Phase, der sogenannten »schwarzen Periode«, lebten die Menschen in ovalen Hüten. Metall war noch unbekannt, doch die für Poliochni charakteristische Vasenform, der sogenannte Fruchtständer, eine Schale mit hohem Fuß, taucht bereits auf. In der darauffolgenden, sogenannten »blauen Periode«, wurden die Hütten durch quadratische und rechteckige Gebäude aus Stein ersetzt, eine Stadtmauer schützte die Siedlung an ihrer Landseite. Gegen Ende dieser Periode umfasste die Siedlung eine Fläche, die ungefähr doppelt so groß war wie jene des damaligen Troja. Metall war bekannt und wurde in vielfältiger Form verarbeitet. In den folgenden Phasen - der grünen, roten und zuletzt gelben Periode, wurde die Stadt kontinuierlich ausgebaut. In der letzten, der gelben Periode dürften sich Veränderungen zugetragen haben. In der Keramik gab es einen radikalen Wandel. Zahlreiche Funde von Importware lassen darauf schließen, dass sich die Beziehungen zu den östlich gelegenen Kulturen und zu den kykladischen Inseln intensivierten. Um ca. 2100 vor Chr. kam die blühende Poliochni-Kultur zu einem abrupten Ende. Durch eine Naturkatastrophe, vermutlich einem Erdbeben, wurde die Stadt zerstört und blieb in der Folge verlassen.

Der erste Eindruck von Poliochni ist der eines fast unüberschaubaren Gewirrs von Mauerfundamenten. Die Siedlung bestand zum großen Teil aus relativ kleinräumigen Gebäuden. Die Mauern wurden aus mittelgroßen bis kleinen, meist unbearbeiteten Steinen errichtet. Festzustellen ist, dass die Stadtanlage von den Gebäuden her ein relativ einheitliches Bild bietet. Es vermittelt, dass hier eine Gesellschaft ohne oder nur mit geringen sozialen Abstufungen existierte. Diese egalitäre Gesellschaftsform ist ein kennzeichnendes Merkmal für eine matriarchale, von Frauen dominierte Kultur.

Die städtische Entwicklungsreife von Poliochni ist erstaunlich hoch für eine frühbronzezeitliche Kultur.

Abb. 31: Getreidespeicher

Eine Hauptstraße durchzog die Stadt entlang der Meeresküste von Norden nach Süden. An zwei Kreuzungspunkten befanden sich öffentliche Plätze mit gemauerten Brunnen, der eine rechteckig, der andere kreisrund. Eine steinerne Rinne diente zur Kanalisation - eine für die Frühbronzezeit äußerst bemerkenswerte städtische Baumaßnahme. Große, tief in den

Boden eingelassene Lebensmittelspeicher mit mächtigen Pithoi - das sind sehr große Vorratsgefäße aus Ton - weisen darauf hin, dass das Anlegen von Vorräten ein wichtiges Anliegen der Bevölkerung war. Die gemeinsame Bevorratung, wie es sich hier in Poliochni offenbart, ist ebenfalls ein typisches Kennzeichen einer egalitären Gesellschaft.

Es dürfte bereits öffentliche Institutionen und Ämter gegeben haben. So wurde an der Südwestseite der Stadt ein eindrucksvoller Bau ausgegraben, welcher von den Ausgräbern als Ratsgebäude, auf Griechisch »Bouleuterion«, bezeichnet worden war.

Abb. 32: Versammlungssaal (Bouleuterion)

Es handelt sich hier um einen großen, rechteckigen Raum mit breiten Steinstufen an einer Langseite, in der Art der Sitzstufen eines antiken Theaters. Dieser Komplex war offensichtlich der Versammlungsort der Stadtgemeinde - das Parlament seiner Zeit. Ein derartiges Gebäude weist auf demokratische Strukturen hin und bestätigt wiederum unsere Vermutung von einer egalitären Gesellschaft.

Es gibt in Poliochni einen herausragenden Gebäudetyp, das sogenannte Megaron. Unter Megaron versteht man einen langen rechteckigen Bau mit kleiner Vorhalle an der Schmalseite. Zwei dieser Megaronhäuser heben sich von den Gebäuden in Poliochni besonders ab.

Der eine im Zentrum der Stadt befindliche Bau bildet mit anschließenden Nebengebäuden einen eigenen Komplex. Dieser von den Ausgräbern mit der Nummer 605 gekennzeichnete Bau muss ein besonders wichtiger gewesen sein, denn in einem anschließenden Nebengebäude war ein prächtiger Goldschatz gefunden worden.

Abb. 33: Megaron im Zentrum

Der zweite herausragende Megaronbau befindet sich an oberster Stelle des Hügels, in strategischer Lage, von wo aus die ganze Stadt und die Umgebung überblickt werden kann.

Abb. 34: Megaron am Hügelplateau

Aus der antiken Überlieferung kennen wir nur eine Königin von Lemnos, ihr Name war Hypsipyle. Jedoch wird in der Beschreibung der Amazonen immer betont, dass es zwei Amazonen waren, welche an der Spitze standen, eine war für die militärischen, die zweite für die zivilen Belange zuständig. Dieses überlieferte Doppelkönigtum ließe sich gut mit den beiden dominierenden Megaronbauten von Poliochni in Einklang bringen. Das auf dem Hügelgipfel strategisch günstig gelegene Megaron wäre für die für die Verteidigung und Kriegsführung zuständige Amazone vorgesehen gewesen. Die andere Amazonenkönigin hingegen, welche für die inneren Angelegenheiten verantwortlich war, residierte in jenem Megaron, welches im Stadtzentrum lag.

Den Bewohnern Poliochnis war die Verteidigung ihrer Stadt ein zentrales Anliegen. Die Westseite der Stadt, also die Seite zum offenen Land hin, war von einer imposanten Stadtmauer geschützt.

Abb. 35: Stadtmauer

In der Mauer gab es kleine Öffnungen, die zur Verteidigung der Stadt mittels Pfeil und Bogen dienten. In diesem Detail unterscheidet sich Poliochni stark von seinen Nachbarn, denn zu dieser Zeit waren innerhalb dieses Kulturraums nur auf Lemnos Pfeilspitzen gefunden worden. Weiters kam eine große Menge von Kampfäxten zum Vorschein.

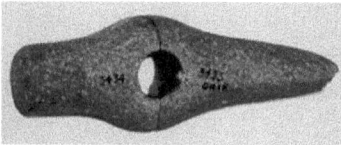

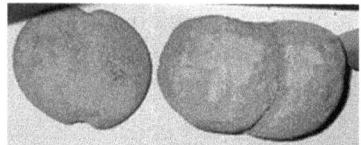

Abb. 36: Streitaxt   Abb. 37: Abstrakte Idole

Auch dieser Waffentypus stellt in diesem Kulturraum eine Besonderheit dar. In der Antike galt die Kampfaxt als typische Amazonenwaffe. Auf griechischen Vasenbildern sind die Amazonen sehr häufig mit dieser Waffe dargestellt.

In den Häusern wurden die Überreste zahlreicher Haushaltsgegenstände gefunden - Mörser, Mahlsteine sowie eine große Menge von Keramik. Man fand viele zierliche Kleingeräte aus Knochen und Metall, wie etwa elegant geformte Ziernadeln. Jene sind augenscheinlich Kosmetikgeräte, welche gut zu einer von Frauen geprägten Kultur passen.

Außerdem wurde ein prächtiger Goldschatz gefunden. Dieser bestand aus Ziernadeln, kunstvollen Ohrgehängen, Ringen und Goldketten - alles Gegenstände, die sich vortrefflich in das Bild dieser matriarchal geprägten Kultur einfügen.

Man bekommt aufgrund der Funde auch Ahnung von den religiösen Vorstellungen dieser einzigartigen Kultur. So entdeckte man eine größere Anzahl abstrakter, rundlich geformter Idole (Abb. 37). Diese Figuren dürften die »Große Göttin« - die alles beherrschende Muttergöttin matriarchaler Kulturen - darstellen.

Vulva- und Phallussymbole waren in matriarchal geprägten, vorgeschichtlichen Kulturen Symbole von hohem kultisch-rituellen Gehalt, sie repräsentieren die für die Menschen dieser Zeit eminent wichtige Fruchtbarkeit. So fand man genau in der Mitte eines Raums in Poliochni ein phallusförmiges Steinmonument - eindeutig eine Reverenz an die männliche Fruchtbarkeit.

Abb. 38: Phallussymbol

Doch in den meisten Gebäuden stand im Zentrum des Raumes ein Tongefäß oder ein Mörser - wohl ein Sinnbild weiblicher Dominanz.

Abb. 39: Megaron mit Mörser im Mittelpunkt

Im Areal der alten Stadt gibt es auffallend viele, überall am Boden herumliegende Muschelschalen, teilweise zu Haufen aufgetürmt.

Abb. 40: Kleiner Raum mit Muschelhaufen

Dies zeigt an, dass Muscheln von den Bewohnern im großen Stil verarbeitet worden sind. Diese Besonderheit ist eine frappante Parallele zu den Bewohnern der Siedlung von Dündartepe in der Nordtürkei - jenem Ort, der mit den klassischen Amazonen von Fluss Thermodon in Verbindung zu setzen ist. Außerdem ist es eine bemerkenswerte Analogie zu den Muschelhaufen der Caspien-Kultur in Südtunesien, jener Kultur, die möglicherweise den Schlüssel zu den sagenhaften afrikanischen - libyschen - Amazonen birgt.

Kehren wir zurück zu Poliochni. Die Hügelkette, welche die Bucht von Poliochni im Süden einfasst, wird von einer auffallenden Zwillingskuppe bekrönt.

Abb. 41: Zwillingskuppe südlich von Poliochni

Die Gleichartigkeit der beiden Spitzen lässt den Schluss zu, dass diese beiden Hügel künstlich angelegt worden sind. Gerade in Verbindung mit Poliochni liegt die Vermutung nahe, dass diese Hügel kultische Bedeutung haben. So ist es gut vorstellbar, dass diese Hügel Grab- oder Kultdenkmäler der Königinnen von Poliochni gewesen waren. Auch eine

Kultstätte der »Großen Mutter«, jener alles beherrschenden Göttin matriarchaler Kulturen, ist denkbar.

Insgesamt ist festzuhalten, dass Poliochni eine einzigartige Stadtkultur mit außergewöhnlich hoher Entwicklungsreife gewesen war, sodass die Bezeichnung »älteste Stadt Europas«, welche bereits die Ausgräber vergaben, gerechtfertigt erscheint. Viele Anzeichen sprechen dafür, dass dieses hochentwickelte Gemeinwesen matriarchale Strukturen aufgewiesen hat, welche die mythologische Überlieferung von der lemnischen Frauenkultur bestätigt.

Kapitel 4

Hephaistia und Ekato Kefalon

Hephaistia, neugriechisch Ifestia ausgesprochen, liegt im Norden der Insel Lemnos und ist neben Poliochni im Westen und Myrina im Osten der dritte vorgeschichtlich bedeutsame Ort, dem wir uns widmen werden. Dieser Platz ist ganz im Gegensatz zu Myrina in einer öden, nahezu unbewohnten Landschaft zu finden. Vom Dorf Kontopouli aus, in Richtung Norden, erreicht man Hephaistia über eine steinig staubige Straße nach einer mehrere Kilometer langen holprigen Fahrt.

Der Fundort weist eine Kontinuität auf, die von der Jungsteinzeit bis zum Beginn des Christentums reicht. Diese Erkenntnis brachten archäologische Ausgrabungen, welche hier schon seit Jahrzehnten alljährlich von italienischen Archäologen durchgeführt werden, hervor. Allerdings konzentrieren sich diese Ausgrabungen auf die Reste aus griechisch-römischer Zeit. Das Prunkstück dieser Ausgrabungen und somit touristischer Anziehungspunkt ist das antike Theater.

In Hephaistia gab es in griechischer und römischer Zeit ein bedeutendes Heiligtum der »Großen Göttin«, zu Ehren jener Göttin, die als Hauptgöttin matriarchaler Religion gilt. Kleine Statuen der »Großen Göttin« wurden von den Archäologen im Altar des Heiligtums entdeckt.

Der Fund kleiner Göttinnenstatuen ruft das am Burgberg von Myrina entdeckte Felsbild (Abb. 9) in Erinnerung. Unserer Meinung nach trägt der hier dargestellte schlanke, groß gewachsene Jüngling eine kleine Statue. Das Felsbild von Myrina und die entdeckten Statuen von Hephaistia in Beziehung gesetzt, ergibt eine bemerkenswerte Übereinstimmung, allerdings stammen die Statuen von Hephaistia aus viel späterer Zeit. Das ist jedoch kein unüberbrückbarer Widerspruch, denn an jenem Ort, wo das griechische Heiligtum freigelegt worden war, sind auch zahlreiche Spuren aus jungsteinzeitlicher und frühbronzezeitlicher Zeit entdeckt worden.

Somit kann man davon ausgehen, dass zur Entstehungszeit des Felsbildes von Myrina auch in Hephaistia ein Heiligtum zu Ehren der »Großen Mutter« existiert hatte. Die Kultverehrung in Gestalt kleiner Göttinnenstatuen dürfte sich über lange Zeit bis in die griechisch-römische Periode bewahrt haben. Das uralte Heiligtum zur Ehren der »Großen Mutter« hatte sich offensichtlich über sehr lange Zeit immer an gleicher Stelle befunden, das entspricht dem persistenten Charakter von matriarchalen Kulten.

Doch nur das Heiligtum war immer an gleicher Stelle, denn das vorgeschichtliche Hephaistia ist nicht identisch mit jenem Ort, wo das griechisch-römische Hephaistia liegt. Man könnte vermuten, dass die Gründer des griechischen Hephaistia das Überbauen der alten vorgeschichtlichen Stätte absichtlich vermieden hatten. Vielfältige Gründe könnten dafür ausschlaggebend gewesen sein, sei es Pietät, sei es Aberglaube oder einfach nur, weil die Griechen den neuen Ort für vorteilhafter hielten. Das alte Hephaistia lag direkt an der Meeresküste, auf einer Landzunge, welche heute den Namen Ekato Kefalon trägt.

Abb. 42: Ekato Kefalon

Ekato Kefalon heißt aus dem Griechischen übersetzt »Hundert Köpfe«. Diese Bezeichnung leitet sich davon ab, dass an den Felswänden zahlreiche Zeichnungen von dämonenartigen Köpfen schwach wahrzunehmen sind. Hier dürfte es sich nicht - wie oft angenommen - um eine Laune der Natur, sondern um die Reste prähistorischer Felsskulpturen und Gravierungen handeln.

Unschwer, schon von weitem zu erkennen sind die stattlichen Reste der in den Fels gebauten vorgeschichtlichen Festungsanlage. Das komplette Kap scheint verbaut gewesen zu sein und muss einst einen beeindruckenden Anblick geboten haben. Viele bauliche Details sind noch erkennbar. So sieht man rechtwinkelig angelegte Mauern, die kunstvoll in den Fels gearbeitet worden sind.

Abb. 43: Überreste der mächtigen, rechtwinkelig angelegten Mauern

Im Zentrum der Anlage fallen zwei Räume besonders auf, ein kleiner rechteckiger Raum mit trichterförmigem Zugang, sowie ein annähernd runder Raum mit auffälliger Nische.

Abb. 44: Rechteckiger Raum mit trichterförmigem Zugang

Abb. 45: Runder Raum mit auffälliger Nische

Im weitläufigen Innenhof der Festungsanlage steht ein mächtiger Felsblock isoliert für sich alleine. Position und Aussehen legen den Schluss nahe, dass dies der Überrest eines großen Altars oder möglicherweise sogar eines Tempels ist.

Abb. 46: Weitläufiger Innenhof mit Felsblock (Altar ?)

Architektonische Gestaltungselemente sind in Ansätzen erkennbar, so beispielsweise eine Art Steinthron in Richtung Norden aufs Meer hinaus.

Abb. 47: Steinerne Sitzbank (Thron ?)

Zur Rechten dieses Steinthrons vermeint man zwei sich gegenüberstehende schemenhafte Gestalten zu erkennen.

Ein mächtiger, hoher Steinblock am meerumtosten Ufersaum fällt besonders ins Auge. Die Gestalt der eindrucksvollen Steinsäule ruft eine Skulptur in der Art einer Sphinx in Erinnerung, doch ist der Stein zu zerstört, um eine klare Feststellung zu treffen. Vom Umriss her ist eine Ähnlichkeit zu den im Heiligtum der »Großen Göttin« gefundenen Sirenenfiguren aus Terrakotta festzustellen. Dieses weibliche Fabelwesen, das durch seinen betörenden Gesang die vorbeifahrenden Schiffer anlockt, würde für diesen Platz am meerumtosten Ufer hervorragend passen.

Abb. 48: Eindrucksvolle Steinskulptur am Meer

Ekato Kefalon liegt an der Westseite der weitläufigen Bucht von Kotsinas. Direkt gegenüber an der östlichen Seite der Bucht liegt Kavirio, wo sich die Reste des berühmten Kabirenheiligtums und die Höhle des Philoktet befinden. Auf der geschützten südlichen Seite der Landzunge von Ekato Kefalon, zur geschlossenen Bucht von Kotsinas hin, gibt es eine kleine Hafenanlage.

Abb. 49: Hafen von Ekato Kefalon

Auch in Myrina und Poliochni konnten wir das Vorhandensein von Hafenanlagen feststellen; dies bestätigt unsere Vermutung, dass die Schifffahrt für die frühbronzezeitlichen Bewohner von Lemnos keine unwesentliche Rolle gespielt hatte.

Nahe der Anlage von Ekato Kefalon, auf dem Weg in Richtung des griechisch-römischen Hephaistia, entdeckten wir einen alleinstehenden Felsblock, auf dem - wie wir meinen - Zeichnungen im Relief erkennbar sind. Dieser spannende Fund ist Thema unseres nächsten Kapitels. sieht es nun vom Blickpunkt der archäologischen Forschung in jenen Gebieten

61

aus, die im Altertum als Heimat der Amazonen galten? Gibt es Anhaltspunkte für eine ehemalige Existenz von solch kriegerischen Frauen oder untermauert die Fundsituation die These, dass die Amazonengeschichten reine Märchen sind, bar jedes substantiellen geschichtlichen Gehaltes?

Kapitel 5

Rätselhafte Zeichen und Bilder

Das Rollsiegel von Poliochni, der Zeichenstein von Hephaistia und die Stele von Kaminia

Die frühbronzezeitliche Kultur von Lemnos gilt als schriftlos. Es wurde auch bislang nichts entdeckt, was man eindeutig als Schriftzeichen identifizieren könnte. Allerdings gibt es Anhaltspunkte, dass man eine Bildersprache genutzt hatte, um wichtige Informationen zu bewahren und weiterzugeben. Der sensationelle Fund eines Rollsiegels in den Ruinen von Poliochni gibt davon Zeugnis.

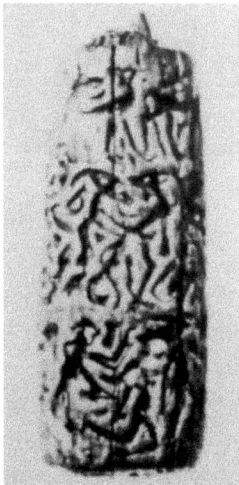

Abb. 50: Frühbronzezeitliches Rollsiegel aus Poliochni

Die Darstellung dieses Siegels ist alles andere als einfach zu deuten. Auf den ersten Blick glaubt man nur ein undurchschaubares Gewirr von Phantasiefiguren vor sich zu haben. Bei genauerem Hinsehen wird erkennbar, dass die Darstellung in drei Ebenen strukturiert ist.

Abb. 51: Abrollung des Siegels von Poliochni

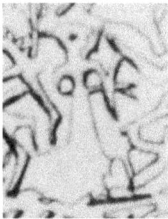

Abb. 52: Zentralfigur: Kämpfende Frau mit wallendem Gewand

Abb. 53: Phantasiefiguren

Abb. 54: Kampfszene

Die Zentralfigur auf dieser Siegelabrollung ist eine Frau mit wallendem Gewand. Sie hält einen Gegenstand - vermutlich eine Waffe - in ihren Händen. Mit etwas Phantasie kann man diesen Gegenstand als Bogen deuten. Obwohl aufgrund der Miniaturgröße des Siegels die Darstellung sehr schematisch ist, könnte man die Gestalt als bogenschießende Amazone deuten. Weil als Hauptfigur positioniert, könnte man sie sogar als Amazonenkönigin interpretieren. Die weiteren, jene Zentralfigur umgebenden Darstellungen zeigen - soweit erkennbar - überwiegend Kampfszenen. Hier sind fliehende und besiegte nackte männliche (?) Krieger zu sehen. Des Weiteren scheint skizzenhaft eine Landschaft - Berg

64

und Wald - dargestellt. Außerdem gibt es darauf Tierdarstellungen (Pferde?) sowie tanzende und musizierende Phantasiewesen.

Eine Darstellung mit ähnlichem Inhalt, im viel größeren Maßstab, leider aber in schlechterem Erhaltungszustand, scheint auf einem Felsblock in Hephaistia abgebildet.

Abb. 55: Rückseite des Reliefsteins von Ekato Kefalon

An diesem sowohl in der Vorgeschichte als auch in der Antike bedeutsamen Ort entdeckten wir auf der Wegstrecke zwischen dem klassisch-antiken Hephaistia und dem vorgeschichtlichen Ekato Kefalon einen isoliert liegenden Steinblock. Während drei Seiten dieses Monolithen ganz glatt sind, zeigt die vordere Seite dieses Steines unverkennbare Zeichnungen im Relief.

Abb. 56: Vorderseite des Reliefsteins von Ekato Kefalon

Bei genauerer Betrachtung erkennt man, dass dieses Relief in mehrere
Ebenen gegliedert ist und dass auf jeder dieser Ebenen ein Gewirr von
Figuren dargestellt ist. Eindeutig zu erkennen sind menschenartige
Figuren; Köpfe mit Augen, Nase und Mund sind klar auszumachen, auch
sind Beine und Arme gut zu erkennen. Des Weiteren sind tierartige
Gestalten und Phantasiefiguren bei genauerem Studium wahrzunehmen.

Abb. 57: Ausschnitt vom Reliefstein: Menschenartige Gestalten und Phantasiefiguren

Abb. 58: Ausschnitt vom Reliefstein: Zwei sich gegenüberstehende Figuren

Inhaltlich zeigt dieses Felsrelief das Gleiche wie das Rollsiegel von Poliochni, die Siegelabrollung aber in Miniaturansicht: Ein unüberschaubares Gewirr an Menschengestalten, Tierfiguren und Phantasiewesen. Die Ausführung der Figuren auf beiden Darstellungen, wenn man etwa die Gestaltung der Gliedmaßen betrachtet, ist sehr ähnlich. Auch die Komposition - so etwa sich gegenüberstehende Zweiergruppen, die auf beiden Darstellungen in täuschend ähnlicher Form zu sehen sind - macht eine Verwandtschaft offenkundig.

Bisher wurde das in Poliochni gefundene Siegel als Unikat, als einzigartiges Importgut beurteilt. Durch unseren Fund dieses gleichartigen Felsreliefs muss diese Meinung revidiert werden. Es spricht nun einiges dafür, dass diese Darstellungen einheimischer Abstammung sind. Zu interpretieren sind sie unserer Meinung nach als prähistorische Informationsträger, welche dazu dienten, mittels Bildersprache wichtige Inhalte zu bewahren und weiterzugeben. Aufgrund des Siegels kann auch der Reliefstein ins 3. Jahrtausend vor Chr. datiert werden. Diese zeitliche Einordnung in die Frühbronzezeit würde auch mit der Datierung der nahegelegenen Felsanlage von Ekato Kefalon harmonieren.

Ein weiteres rätselhaftes Objekt aus Lemnos fügt sich in diesen Kontext ein. Man fand im Dorf Kaminia eine Inschriftenstele aus antiker Zeit, die den Wissenschaftern einiges Kopfzerbrechen bereitet hat. Auf diesem Gedenk- oder Grabstein, heute im Athener Nationalmuseum ausgestellt, ist ein Krieger mit Speer und Schild dargestellt. Das besonders

67

Interessante ist hier allerdings die Inschrift - ein Text, der mit Schriftzeichen eines frühgriechischen Alphabets verfasst worden ist. Doch die Sprache dieser Inschrift ist eindeutig nicht Griechisch. Es gibt unterschiedliche Übersetzungsversuche, so glaubt etwa ein türkischer Wissenschafter in diesem Text eine frühtürkische Sprache zu erkennen. Die wahrscheinlichste und von vielen akzeptierte Erklärung ist allerdings, dass es sich um eine Sprache handelt, die mit dem Etruskischen eng verwandt ist. Über jenes rätselhafte Volk der Etrusker, das im 1. Jahrtausend vor Chr. in Italien eine Hochkultur entfaltet hatte, wissen wir relativ wenig. Einiges an Information liefern römische Geschichtsschreiber, verdanken doch die Römer einen Großteil ihrer Kultur den Etruskern. Das Volk der Etrusker hat Schrifttexte hinterlassen, welche Sprachwissenschafter mit der Sprache der lemnischen Stele gleichsetzen. Auch mit den rätselhaften Pelasgern, die nach griechischer Überlieferung einst die Bewohner von Lemnos waren, wird die lemnische Stele in Zusammenhang gesetzt. Hier ist eine Bemerkung des vertrauenswürdigen griechischen Historikers Thukydides aufschlussreich. Er erwähnt, dass die Pelasger, welche von alters her auf Lemnos lebten, eigentlich Tyrrhener gewesen sind. Tyrrhener und Etrusker sind jedoch synonyme Bezeichnungen für ein und dasselbe Volk. In diesem Zusammenhang nicht uninteressant ist die Tatsache, dass die Frauen der Etrusker einen relativ hohen Stellenwert in der Gesellschaft hatten. Dies passt gut zur lemnischen Kultur, wo wir Ähnliches feststellen konnten.

Es ist jedenfalls erstaunlich, dass diese rätselhafte Inschrift, welche in das 6. vorchristliche Jahrhundert datiert wird, gerade auf dieser Insel mit so glänzender Vergangenheit entdeckt worden ist. Dieser Eindruck verstärkt sich noch dadurch, dass dieser Gedenkstein in Kaminia gefunden wurde, denn dieses Dorf liegt in unmittelbarer Nähe der bedeutenden frühbronzezeitlichen Ausgrabungsstätte von Poliochni, der laut Ausgräber »ältesten Stadt Europas«. Immer konkreter wird die Vermutung, dass die frühbronzezeitlichen Bewohner von Lemnos vom gleichen Volksstamm waren wie die später in Italien sesshaften Etrusker. Die Inschrift von Kaminia ist ein Hinweis darauf, dass sich die uralte Sprache über die vielen Jahrhunderte bewahrt hat. Dass sich die Sprache manchmal als sehr resistentes Kulturgut erweist, ist auch in unserer Zeit festzustellen; da wäre die uralte baskische Sprache in Nordwestspanien als Musterbeispiel anzuführen. Somit erscheint unsere Schlussfolgerung nicht abwegig, dass die frühbronzezeitlichen Bewohner von Lemnos eine dem Etruskischen ähnliche Sprache verwendet hatten. Auch bedeutet dies, dass die etruskische Sprache der Bildersprache auf dem Rollsiegel von Poliochni und dem Zeichenstein von Hephaistia zugrunde liegt.

Insgesamt ist festzustellen, dass die etruskische Kultur und die frühbronzezeitliche lemnische Hochkultur etliche Gemeinsamkeiten aufweisen, sodass die Theorie einer Verwandtschaft immer mehr an Substanz gewinnt und plausibel erscheint.

Kapitel 6

Kavirio, der Mysterienort

Das Kabirenheiligtum von Lemnos und die Höhle des Philoktet

Am Kap Chloe, dem östlichen Ausläufer der Bucht von Kotsinas, genau gegenüber der prähistorischen Stätte Ekato Kefalon bei Hephaistia, liegt der geschichtlich bedeutsame Ort Kavirio.

Wie sein Name schon verrät, steht der Ort mit den rätselhaften Kabiren in Verbindung. Hier gab es in archaischer und klassisch-hellenistischer Zeit ein berühmtes Kabirenheiligtum. Die Kabiren waren Vegetations- und Fruchtbarkeitsgottheiten, die mit einem Mysterienkult verknüpft waren. Mysterienkulte waren im antiken Griechenland beliebt, die berühmtesten Mysterien waren jene von Eleusis bei Athen. Bei diesen Kulten waren die Zeremonien und Kultobjekte nur den Eingeweihten bekannt, Einweihungsriten spielten eine bedeutende Rolle. Im Zentrum der Kabirenmysterien standen die Fruchtbarkeit und die Geburt, im Gegensatz zu den Eleusinischen Mysterien, wo das Leben nach dem Tod das Wesentliche der Mysterien bildete.

Antike Autoren berichten, dass die Kabirenmysterien ursprünglich aus Phrygien - einem Gebiet in der heutigen Westtürkei - stammen, daneben gibt es auch die Vermutung, dass die Mysterien phönizischen Ursprungs sind. Diese Theorie beruht im Wesentlichen darauf, dass das Wort Kabiren vom phönizischen Wort »qabirim« abgeleitet wird, was übersetzt »groß, stark« bedeutet. Doch keines dieser Vermutungen ist zwingend.

Wichtigste Kultorte der Kabiren waren Lemnos, Samothrake, Imbros und Theben. Die am griechischen Festland gelegene Stadt Theben bildet in diesem Zusammenhang eine Ausnahme, denn die übrigen drei Kultplätze liegen räumlich nahe beieinander auf benachbarten Inseln, Samothrake liegt nördlich und die Insel Imbros östlich von Lemnos. Imbros gehört heute politisch zur Türkei und heißt Gökçeada.

Die ältesten Zeugnisse, die wir über den Kabirenkult haben, führen nach Lemnos. Hier war Hephaistos, der Hauptgott von Lemnos, Bestandteil des Kultes; die Abstammung der Kabiren wurde auf ihn zurückgeführt. Es gibt zwei unterschiedliche Genealogien. In der ersten Variante war Hephaistos durch die Nymphe Kabirio Vater des Kadmilos. Dieser war der Vater von drei männlichen und drei weiblichen Kabiren. In der anderen Version war Hephaistos direkt der Vater der vier Kabiren, welche Axieros, Axiokersa, Axiokersos und Kasmilos bzw. Kadmilos heißen. Die eigentlich geheimen Namen der Kabiren verdanken wir der Indiskretion eines griechischen Autors, namentlich des Mnaseas von Patara.

Die weiblichen Kabiren Axieros und Axiokersa wurden mit den griechischen Göttinnen Demeter und Persephone (Kore) gleichgesetzt. Demeter und Persephone waren auch die Hauptgöttinnen der Mysterien von Eleusis. Der ältere männliche Kabire Axiokersos wurde mit Hades identifiziert und der jüngere Kabire Kadmilos (Kasmilos) mit Hermes. Die Gleichsetzung der ungriechischen Kabirengötter mit bekannten griechischen Gottheiten ist als spätere Entwicklung zu bewerten, wohl in der Absicht, diesen ursprünglich ungriechischen Kult zu hellenisieren. Die gleiche Anzahl von jeweils männlichen und weiblichen Göttern war offensichtlich ein wesentliches Element des Kultes.

Auf Samothrake werden die Kabiren nie als Kabiren oder mit ihren mystischen Namen genannt, sondern als »Große Götter« (Deoi Megaloi) oder nur als Samothraikes.

Das Kabirenfest auf Lemnos fand zum Teil in der Nacht statt. Der römische Schriftsteller Plinius erwähnt im Zusammenhang mit den Kabirenmysterien ein »Lemnisches Labyrinth« (Labyrinthus Lemnius). Möglicherweise meinte er hiermit einfach den weiträumigen Mysteriensaal, aber wahrscheinlicher erscheint es, dass ein mystisches Labyrinth eine Rolle im Kultritus spielte. Darin liegt auch das Problem. Es gibt einzelne verschwommene Hinweise, aber vom eigentlichen Inhalt der Kabirenmysterien wissen wir naturgemäß sehr wenig.

Der älteste literarische Zeuge ist der griechische Historiker Herodot aus dem 5. Jahrhundert vor Chr. Er führt den Kult auf die Pelasger zurück. Dieses rätselhafte Volk, das mit der Frühgeschichte von Lemnos mehrfach verknüpft ist, beschäftigte uns bereits an früheren Stellen des Buches. Wichtig in diesem Zusammenhang ist die Information von Herodot, dass der Phallus ein wesentliches Element des Kabirenkultes war, was eindeutig auf Vegetations- und Fruchtbarkeitsgötter hinweist. Vegetationsgötter sind chthonische, mit der Erde und Fruchtbarkeit verbundene Gottheiten. In den Tempeln von Samothrake und Theben sind Opfergruben gefunden worden, was die chthonische Bedeutung des Kultes belegt. Von Samothrake wissen wir, dass in den Mysterien ein »Hieros Gamos«, eine »Heilige Hochzeit« zwischen Kadmilos und Axiokersa zelebriert wurde. Widderopfer dienten als Sühneritus. Die Eingeweihten trugen eine purpurfarbene Binde, außerdem den sogenannten samothrakischen Ring aus Eisen.

Auf das zentrale Kultsymbol der Kabirenmysterien in Gestalt eines Phallus gehen wir hier noch näher ein. Eine bildliche Darstellung von Mysterien ganz ähnlichen Inhalts zeigt ein berühmtes Wandgemälde in Pompeji. Dort ist in der sogenannten »Villa der Mysterien« ein ganzer Raum diesem Thema gewidmet.

Abb. 59: Römisches Wandgemälde aus der Villa der Mysterien, Pompeji.
Einweihung in die Mysterien des Dionysos.

Der Höhepunkt der hier dargestellten Mysterienhandlungen zeigt die einzuweihende Frau, die vor einem verhüllten Phallussymbol kniet und im Begriff ist, das Kultobjekt zu enthüllen. Eine Frau steht neben ihr und holt mit einer Peitsche aus, um die Einzuweihende für diese Handlung zu geißeln. Die Malerei wird in die Zeit um 50 vor Chr. datiert und ist der frührömischen Kultur zuzuordnen. Wie bereits an anderer Stelle hingewiesen, verdanken die Römer einen Großteil ihrer Kultur den Etruskern. Somit dürfen wir vermuten, dass die hier dargestellten Mysterien auf etruskische Einflüsse zurückgehen, zumal Pompeji im etruskischen Einflussbereich stand, vermutlich sogar eine etruskische Siedlung war. Das führt uns wieder zurück zu den lemnischen Kabirenmysterien, die laut Herodot pelasgischen Ursprungs sind. Bereits bei den rätselhaften Inschriften von Lemnos konnten wir nachweisen, dass Pelasger und Etrusker eigentlich Bezeichnungen für das gleiche Volk sind. Hier haben wir nun eine weitere Querverbindung zwischen der frühen Hochkultur auf Lemnos und den Etruskern, was sich in der Verwendung des Phallus als zentrales Kultsymbol in den Mysterien widerspiegelt. Das Phallussymbol, wie auch das Vulvasymbol, war schon in der frühbronzezeitlichen Kultur von Lemnos von großer Bedeutung, so fanden wir das Phallussymbol als steinerne Skulptur in Poliochni. Unserer Ansicht nach sind die Wurzeln des Kabirenkultes in der frühbronzezeitlichen Hochkultur von Lemnos zu suchen. Vermutlich ist das, was wir vom Kabirenkult wissen, der patriarchal verbrämte Rest eines einst matriarchalen Fruchtbarkeitskultes. Dafür spricht schon allein, dass die Kernelemente des Kabirenkultes Fruchtbarkeit und Geburt bildeten, denn gerade diese Elemente sind wesentliche Bestandteile matriarchaler Religion. Auch das besondere Gewicht des weiblichen Anteils im Kult deutet in diese Richtung. Die ganz und gar ungriechischen Namen des weiblichen Kabirenpaars, Axieros und Axiokersa, weisen auf das hohe Alter hin.

Ein interessantes Detail, welches uns wiederum zu den Etruskern hinführt, soll hier noch erwähnt werden. Die in die Kabirenmysterien Eingeweihten trugen eine purpurfarbene Binde. Erstaunlicherweise spielte die Purpurfarbe auch bei den Etruskern eine besondere Rolle. Als wichtiges Amtszeichen der Etrusker galt die Toga Praetexta, das war ein Gewand mit purpurfarbenem Saum.

Als Nächstes gilt unser Interesse der archäologischen Hinterlassenschaft.

Im heutigen Kavirio sind die Grundrisse der antiken Gebäude des Kabirenheiligtums gut zu erkennen. Das Kabirenheiligtum ist in zwei Teile unterteilt: in das hellenistische, linear rechteckige Heiligtum aus dem 4. Jahrhundert vor Chr. und in das ältere, archaische aus dem 8. vorchristlichen Jahrhundert.

Abb. 60: Das Kabirenheiligtum aus hellenistischer Zeit

Abb. 61: Säulengang des hellenistischen Kabirenheiligtums

Die hellenistische Anlage hatte einen großen Innenhof mit einer eindrucksvollen Säulenkolonnade. Zahlreiche Räume umsäumten den Hof, hier dürfen wir die Zeremonienräume, die Räume für die Eingeweihten und jene, die den Unzuweihenden vorbehalten waren, vermuten.

Die Reste der Anlage direkt vor Augen, kann man sich gut vorstellen, dass Plinius mit dem von ihm zitierten »Lemnischen Labyrinth« diesen weitläufigen Bau mit säulenumsäumtem Innenhof meinte. Noch dazu muss man berücksichtigen, dass die Mysterien in der Nacht abgehalten wurden, und in der Dunkelheit und bei Fackelschein muss das Heiligtum noch viel beeindruckender und geheimnisvoller gewirkt haben. Nichtsdestotrotz erscheint auch die Vorstellung, dass ein mystisches Labyrinth Teil des Kultrituals war, durchaus verlockend.

Südwestlich der klassisch-hellenistischen Anlage stand das ältere, archaische Kabirenheiligtum aus dem 8. Jahrhundert vor Chr. Dieses bestand aus einem unregelmäßig angeordneten Gebäudekomplex.

Abb. 62: Das Kabirenheiligtum aus archaischer Zeit

Von den ausgegrabenen Überresten fällt eine kleine Doppelnische ins Auge. Die augenfällige Besonderheit dieser Baustruktur lässt vermuten, dass es in Zusammenhang mit einem Kabirenpaar steht, entweder mit dem jüngeren Paar - Kadmilos und Axiokersa, welche die »Heilige Hochzeit« feierten, oder mit dem älteren - Axieros und Axiokersos.

Abb. 63: Doppelnische

Die Kabirenmysterien bergen noch viele offene Fragen, aber ein Ursprung des Kultes aus vorgriechischer, matriarchal geprägter Zeit scheint uns auf Basis der vorhandenen Fakten sehr wahrscheinlich.

Noch eine Merkwürdigkeit ist in diesem Zusammenhang erwähnenswert. In Gesprächen mit dem Wärter des Ausgrabungsareals war zu erfahren, dass Kavirio noch einiges an Geheimnissen birgt. So soll es einen unterirdischen Gang geben, der das Kabirenheiligtum mit dem Meer verbindet. In Kavirio wurden nur drei Jahre lang, von 1937 bis 1939, archäologische Ausgrabungen durchgeführt und außer der Instandhaltung wurde seither nichts getan. Für den Aufseher des Kabirenheiligtums - und ebenso für uns - ist es unverständlich, dass in Kavirio keine Ausgrabungen stattfinden, währenddessen in Hephaistia, auf der anderen Seite der Kotsinas Bucht, seit Jahrzehnten alljährlich fleißig gegraben wird.

Eine auf Lemnos sehr bekannte, dem Kabirenheiligtum unmittelbar benachbarte Sehenswürdigkeit führt uns in die vorgriechische Zeit. Direkt unter den Bauresten aus griechischer Zeit befindet sich auf Meereshöhe die berühmte Höhle des Philoktet. Der antiken Überlieferung nach soll Philoktet, Teilnehmer des Kriegszugs gegen Troja, auf Lemnos von einer Schlange gebissen und daraufhin von seinen Kameraden gewissenlos in einer Höhle zurückgelassen worden sein.

Im Drama »Philoktet« von Sophokles wird seine Wohnhöhle so beschrieben:

Wo eines Felsens Doppelmund sich öffnet,
Daß man im Winter an zwei Plätzen kann
Sich sonnen und im Sommer kühler Schlaf
Durch beide Pforten in die Höhle weht.
Links, dicht darunter, findst du eine Quelle
Zum Trinken - wenn sie noch am Leben ist.

Diese Verszeilen geben überraschenderweise mehrere Einzelheiten des heutigen Zustands wieder. In das Innere dieser Höhle führen tatsächlich zwei Zugänge, einer von der Meeresseite und ein zweiter vom Ufersaum.

Abb. 64: Die Höhle des Philoktet, von oben gesehen

Abb. 65: Meerseitiger Zugang zur Höhle des Philoktet

Der landseitige Zugang ist eine schmale Öffnung im Fels, die, abgesehen von der Enge, leicht zugänglich ist.

Abb. 66: Landseitiger Zugang

Von hier gelangt man in die etwa halbkreisrunde Höhle. Im Inneren, nahe diesem Zugang, ist eine steinerne, offensichtlich von Menschenhand bearbeitete Sitzbank zu sehen, ein erster Hinweis auf die kultische Bedeutung dieser Höhle in prähistorischer Zeit.

Abb. 67: Felsbank und Muldendecke im Inneren der Höhle

Bemerkenswert ist die aus zahlreichen Mulden gebildete Decke. Eine ganz ähnliche Decke - jedoch in viel größerem Ausmaß - findet man auch im Bergheiligtum Panagia Kakaviotissa vor, dem wir uns im folgenden Kapitel widmen werden.

Die Höhle des Philoktet beeindruckt allein schon durch sein prächtiges Farbenspiel, hervorgerufen durch den Lichteinfall vom meerseitigen, korridorartigen Zugang. Die halbkreisförmige Rückwand wird durch mehr oder minder glatte Felsblöcke gebildet, auf einem Abschnitt glauben wir Reste von prähistorischen Felszeichnungen zu erkennen.

Abb. 68: Rückwand der Höhle des Philoktet

Der schlechte Erhaltungszustand und die ungünstigen Lichtverhältnisse in der Höhle lassen leider keine konkreten Aussagen zu. In einer der schemenhaften Figuren dürfte eine Gestalt, welche einen Bogen in der Hand hält, zu erkennen sein. Die Darstellung einer Figur mit Bogen passt perfekt zur Gestalt des Philoktet, denn sein berühmter Bogen war der Hauptgrund, dass die Griechen von Troja wieder nach Lemnos gekommen waren, um ihn zu holen. Diesen Bogen hatte Philoktet einst von Herakles, dem wohl berühmtesten griechischen Helden erhalten. Philoktet hatte den letzten Wunsch des Herakles erfüllt. Er entzündete den Scheiterhaufen, auf dem Herakles, unter schrecklichen Schmerzen leidend, sein Leben zu beenden und Erlösung zu finden suchte.

Doch die Kunst des Bogenschießens ist auch eng mit den Amazonen verbunden, insofern passt der Mythos um Philoktet perfekt zur Insel Lemnos.

Lage und Aussehen der Höhle sowie die festgestellten Felsbearbeitungen sind aussagekräftige Indizien dafür, dass diese Höhle schon in prähistorischer Zeit kultische Bedeutung innehatte. Die uralte mythologische Tradition, die offensichtlich bis heute nachwirkt, vervollständigt diesen Eindruck.

Zuletzt soll noch eine besonders auffällige landschaftliche Gegebenheit erwähnt werden. Vom Inneren der Höhle des Philoktet hat man durch den meerseitigen Zugang direkten Blick zur nördlich gelegenen Nachbarinsel Samothrake, welche durch ein mächtiges Bergmassiv charakterisiert ist.

Hier ergibt sich eine augenfällige Parallele zum Burgberg von Myrina. Vom Burghügel aus sieht man bei klarer Sicht den Athos, den mächtigen Berg am gegenüberliegenden griechischen Festland. Dieser Berg ist auch heute noch von großer religiöser Bedeutung für die Griechen, denn hier hat die berühmte Mönchsrepublik ihre Heimat.

Von der Höhle des Philoktet blickt man nun genau auf die Insel Samothrake, welche ebenfalls durch einen gewaltigen Bergkegel - den imposanten Fengari mit 1611 Meter Seehöhe - gekennzeichnet ist. Hinzu kommt, dass Samothrake wegen seines Kabirenheiligtums in der Antike sehr berühmt war. Die Höhle des Philoktet liegt direkt unter dem Kabirenheiligtum von Lemnos und war vermutlich auch Teil des Heiligtums. Möglicherweise existierte sogar ein unterirdischer Verbindungstunnel zwischen dem Kabirenheiligtum und der Höhle des Philoktet. Diese offensichtlichen Gemeinsamkeiten sind erstaunlich und lassen vermuten, dass die frühbronzezeitlichen Bewohner diese bewusst wahrgenommen und ihnen eine besondere Bedeutung beigemessen hatten.

Kapitel 7

Panagia Kakaviotissa und Thanos

Das Bergheiligtum und die zauberhafte Meeresbucht

Während unsere bisher beschriebenen Fundplätze alle in unmittelbarer Nähe des Meeres liegen, ist es im Fall von Panagia Kakaviotissa ganz anders. Das Marienheiligtum Panagia Kakaviotissa liegt im Südwesten der Insel auf dem Berg Kakavos in 280 Meter Seehöhe. Auf dem Gipfel dieses steil aufragenden, felsigen Berges befindet sich heute die vielbesuchte Kapelle zu Ehren der Panagia - so lautet die griechische Bezeichnung der Muttergottes. Der Beiname Kakaviotissa leitet sich vom Namen des Berges ab. Der Berg Kakavos beherrscht mit seiner zackigen, weithin sichtbaren Silhouette die Landschaft im Südwesten der Insel, die Kapelle auf seinem Gipfel ist allerdings von unten nicht sichtbar.

Abb. 69: Der breite Bergrücken des Kakavos, vom Burghügel von Myrina aus gesehen

Ein steiler, steiniger Weg führt zum Bergheiligtum hinauf. Allemal gelohnt hat sich der mühevolle Aufstieg, wenn man das eindrucksvoll gelegene Marienheiligtum am Gipfel vor Augen hat.

Eine mächtige Felshöhle, in welche eine eher unscheinbare christlich-orthodoxe Kapelle hineingebaut wurde, prägt das Gipfelambiente.

Es wird einem sofort bewusst, dass die Höhle an sich das Wesentliche, das Heilige des Ortes ist. Der Zugang zur Kapelle führt über eine Treppe aus steinernen Stufen.

Abb. 70: Aufgang zum Bergheiligtum

Die Kultstätte selbst befindet sich in der Grotte. Die Charakteristika der Stätte machen deutlich, dass dieser Ort seit prähistorischer Zeit als Kultplatz gedient haben muss. Die Decke der Grotte besteht aus unzähligen rundlichen Mulden; in ganz ähnlicher Art ist die Decke der Höhle des Philoktet in Kavirio geformt. Die Kultgrotte an sich wirkt uterusförmig. Dazu passt perfekt, dass die Kapelle der Panagia - der Muttergottes - geweiht ist. Doch der Ursprung dieses Heiligtums dürfte weit in vorchristliche Zeit zurückreichen. In prähistorischer Zeit war es die vorchristliche allmächtige Muttergöttin, die hier verehrt wurde. Die Christen übernahmen den uralten, scheinbar tief in der Bevölkerung verankerten Kult und passten ihn der christlichen Religion an, indem der

Kultplatz zu Ehren der Muttergottes (= Panagia) geweiht wurde, in direkter Nachfolge der matriarchalen Muttergöttin, der »Großen Göttin«.

Abb. 71: Das Bergheiligtum Panagia Kakaviotissa

Abb. 72: Rückwand der Kultgrotte (Felszeichnungen ?)

Abb. 73: Abgetrennter Raum (das Allerheiligste)

In der Kultgrotte ist ein kleiner Raum durch eine Mauer abgetrennt - wahrscheinlich war dies das Allerheiligste, der den Priestern vorbehaltene Platz und der Aufbewahrungsort der Kultgegenstände und Opfergaben. An der Rückwand der Kultgrotte sind Einritzungen wahrnehmbar.

Es könnten Spuren prähistorischer Felszeichnungen sein, doch sind die Felsgravuren viel zu undeutlich, um eine konkrete Interpretation zuzulassen.

Im gesamten Gipfelareal finden sich zahlreiche Spuren von Felsbearbeitungen aus vermutlich prähistorischer Zeit. Man sieht in den Fels gearbeitete Plattformen, künstlich angelegte Mulden und Durchbohrungen. Westlich des Gipfels stößt man auf zwei künstlich angelegte Plattformen, von wo aus man direkte Sicht zum Burghügel von Myrina, dem prähistorischen Zentrum im Westen der Insel, hat.

Auch unmittelbar über der Grotte sind mehrere in den Stein gehauene kleine Plattformen sichtbar.

Abb. 74: Felsenplattformen mit Blickrichtung nach Myrina

Das Gesamtbild, das Panagia Kakaviotissa bietet, ist eindeutig. Es handelt sich hier um ein prähistorisches Bergheiligtum aus uralter Zeit. Einst der allmächtigen matriarchalen Muttergöttin geweiht, wurde es in christlicher Zeit zum Heiligtum der Muttergottes - griechisch »Panagia«. Die Uterusform der Kulthöhle passt perfekt zu ihrer Funktion als Kultort zu Ehren der allmächtigen Muttergöttin. Die versteckte Lage des Marienheiligtums ist ein weiterer Hinweis auf ein hohes Alter, Kapellen jüngeren Alters sind in der Regel weithin sichtbar auf den Berggipfeln errichtet worden.

Nahe dem Kakavos liegt die Bucht von Thanos, wo sich ein wunderschöner Strand erstreckt, der von vielen Besuchern als der schönste von Lemnos bezeichnet wird. Bizarre Felsformationen, das blitzblaue Meer und der weiße Sandstrand fügen sich zu einer einzigartigen Landschaft. Auch hier gibt es Hinweise, dass dieser landschaftlich so stimmungsvolle Ort in prähistorischer Zeit von Bedeutung war. Offensichtlich von menschlicher Hand ausgeführte Felsbearbeitungen zeugen davon.

Abb. 75: Die Bucht von Thanos mit bizarren Felsformationen

Im Speziellen fällt eine ungewöhnliche Felsformation ins Auge (Abb. 76). Die Nähe von Thanos zum auch heute noch wichtigen Kultort Panagia Kakaviotissa mit ähnlichen Felsbearbeitungen lässt auf eine gemeinsame prähistorische Vergangenheit schließen. Von der geographischen Lage her sind diese Kultplätze dem prähistorischen Zentrum im Westen von Lemnos, Myrina, zuzuordnen.

Abb. 76: Außergewöhnliche Felsformation

Die vielen Plätze, wo prähistorische Spuren nachweisbar sind, zeigen anschaulich, welche hohe Bevölkerungsdichte Lemnos schon zu dieser Zeit aufgewiesen hatte. Dadurch wird verständlich, dass gerade auf dieser Insel die laut Archäologen älteste Stadt Europas - Poliochni - entdeckt worden war. Außerdem müssen wir uns die damalige Landschaft viel bewaldeter und vegetationsreicher vorstellen und nicht derart karg, baumlos und kahl, wie sie sich heute ganz besonders in dieser Region im Südwesten der Insel darbietet.

Kapitel 8

Limnia Gi, die berühmte Heilerde

Weit über 2000 Jahre lang galt die Heilerde von Lemnos, die sogenannte Limnia Gi, als begehrtes, da wirkungsvolles Heilmittel. Noch in einem, im Jahre 1933 in der hochangesehenen Paulys Real-Encyklopädie der Classischen Altertumswissenschaft (RE) erschienenen Artikel über Mosychlos wird die Lemnische Erde mit den Worten *»im Orient heute noch als heilkräftig geltend«* beschrieben.

Das technologielastige späte 20. Jahrhundert bereitete dieser jahrtausendelangen Tradition allerdings ein plötzliches Ende. Man analysierte diese Erde und kam zum wissenschaftlichen Schluss, dass diese Erde keine Heilwirkung besitzt; somit wäre die Behandlung mit dieser Heilerde wirkungslos und daher sinnlos. Dieses Urteil hatte zur Folge, dass die Heilerde von Lemnos mehr und mehr in Vergessenheit geriet. Fragt man heute Einheimische, wo diese sagenhafte Erde einst gefördert worden ist, weiß kaum jemand eine Antwort darauf. Die Limnia Gi ist zwar als Schlagwort auf Lemnos nach wie vor präsent, etwa als Bezeichnung eines bekannten lemnischen Weins, doch die tiefere Bedeutung dieses Begriffs ist kaum jemandem noch bekannt.

Die Fakten über die Limnia Gi:

Diese bis in jüngste Zeit verwendete Heilerde diente als Heilmittel gegen Schlangenbisse und Wunden aller Art. In der klassischen Antike wurde die Erde von einer Priesterin portioniert und mit einem Siegel, die Göttin Artemis darstellend, gekennzeichnet. Daher hieß diese Heilerde auch Terra Sigillata bzw. Lemnia Sphragis (Sphragis heißt »Siegel« auf Griechisch).

Im Mittelalter wurde diese Erde zeremoniell einmal im Jahr gegraben, und zwar am 6. August.

Die Lemnische Erde galt im Mittelalter und in der Neuzeit als äußerst wertvolles Gut. So war es ein hochangesehenes Geschenk der Sultane - zu jenen Zeiten als Lemnos zum türkischen Weltreich gehörte - an Könige und ähnlich hochgestellte Persönlichkeiten.

Historische Überlieferung:

Wie vieles auf Lemnos wird auch die lemnische Heilerde mit dem griechischen Helden Philoktet verknüpft. Jener war, an einem Schlangenbiss leidend, zur Zeit des Trojanischen Krieges von seinen Kameraden auf der Insel Lemnos allein zurückgelassen worden. Der aus Lemnos stammende griechische Autor Flavios Philostratos erzählt nun in seinem Buch »Heldengeschichten«, dass Philoktet durch die Lemnische Erde geheilt worden war. Des Weiteren liefert er die Information, dass diese Erde den Wahnsinn vertreibt, den Blutfluss stillt und den Biss der Wasserschlange heilt, aber auch nur diesen. Der in der Antike berühmte römische Arzt Galen weiß ebenfalls von der außerordentlichen Heilwirkung der Lemnischen Erde. Er besuchte die Insel auch mehrmals.

Neben der literarischen Überlieferung gibt es bildliche Darstellungen aus der Antike, worauf der griechische Held Philoktet durch Auftragen der Erde von seinem Leiden geheilt wird.

Der Zusammenbruch des römischen Imperiums tat dem Ruf der Limnia Gi keinen Abbruch. Unter byzantinischer und später osmanischer Herrschaft war die Limnia Gi als Heilmittel hoch begehrt und ein bedeutendes Handelsgut von Lemnos. Auf den zeitgenössischen Landkarten wurde der Fundort dieser speziellen Erde stets eingezeichnet. Alte medizinische Schriften beschäftigten sich mit der Heilwirkung der Limnia Gi. Somit galt bis ins letzte Jahrhundert die heilende Wirkung der Lemnischen Erde als naturgegeben.

Heutige Situation:

Wie bereits erwähnt, ist das Wissen, wo die Limnia Gi einst gegraben und verarbeitet worden ist, unter den Einheimischen von Lemnos kaum noch präsent. Hingegen liefern alte Karten von Lemnos relativ genaue Angaben über jenen Platz. Er befand sich etwas südlich der Bucht von Kotsinas, an einem Hügel, welcher ein Überbleibsel des einst aktiven Vulkans Mosychlos ist. Dieser Vulkanberg soll in Folge eines starken Erdbebens im 5. Jahrhundert vor Chr. eingestürzt sein.

Was wir heute dort zu sehen bekommen, ist wenig beeindruckend. Der zentrale Punkt ist die Quelle mit Namen »Phtelidia«, mit deren Wasser die Lemnische Erde einst vermengt wurde.

Abb. 77: Herkunftsort der Limnia Gi.
Der Felskegel ist ein Überrest des Vulkanbergs Mosychlos

Abb. 78: Nahansicht des Platzes der Limnia Gi

Der Quellaustritt ist von einem rechteckigen steinernen Rahmen eingefasst. Seitlich der Quelle ragt ein mächtiger Felsblock empor. Etwas abgesetzt davon steht eine langgezogene Rinne in Form einer Tiertränke, wo das Wasser aufgefangen wird.

Abb. 79: Die Quelle Phtelidia, mit deren Wasser die Lemnische Erde einst vermengt wurde

Ältere Abbildungen zeigen die Quelleinfassung in Form eines Portals, bestehend aus zwei senkrechten Steinpfeilern, welche von einem dritten waagrechten Steinblock bekrönt waren.

Eine schlichte, unscheinbare Kapelle befindet sich in der unmittelbaren Nähe der Quelle. Ein kultisch-religiöser Bezug dieser Kapelle zu der Limnia Gi ist durchaus denkbar.

Abb. 80: Kapelle nahe dem Platz der Limnia Gi

Während offensichtlich der althergebrachte Ursprung der Limnia Gi in Vergessenheit geraten ist, lebt in den Schlammbädern von Charalampos, nahe Plaka im Osten der Insel, die Tradition der Lemnischen Erde bis heute fort. Auch an diesem Ort wird der Erde, vermischt mit dem Wasser der dortigen Quelle, heilende Wirkung nachgesagt, und es wird als Heilmittel nach wie vor genutzt. Hier besteht die Erde aus der gleichen geologischen Konsistenz wie jene an der Phtelidia Quelle, allerdings hat sich hier wegen der unmittelbaren Lage an einer noch heute bedeutenden Kultstätte, der Charalampos-Kapelle, der Glaube an die Wirksamkeit der Erde im Volk bewahrt.

Inwieweit die Lemnische Erde nun wirklich Heilkräfte irgendwelcher Art besitzt oder nur rein psychologische Wirkung, den sogenannten Placebo-Effekt hervorruft, kann in diesem Zusammenhang nicht beurteilt werden und ist auch nicht Thema dieses Buches. Es ist allerdings bedauerlich, dass eine jahrtausendelange Tradition allein aufgrund der Ergebnisse moderner technischer Analysen umgehend als sinnlos abgetan und verworfen wird.

Tatsache ist, dass das Wissen und die Kenntnis von althergebrachten Heilmitteln und Heilkräutern auf die sogenannten »Weisen Frauen« zurückgeführt werden. »Weise Frauen« waren in matriarchal geprägten

95

Kulturen hochangesehene Persönlichkeiten und fungierten als Prophetinnen sowie Heilerinnen von Krankheiten und Leiden - eigentlich die Ärztinnen der damaligen Zeit. Die »Weisen Frauen« spielten bis ins Mittelalter eine wichtige Rolle, wurden aber vom Christentum mehr und mehr ausgegrenzt und schließlich als Hexen gebrandmarkt und verfolgt. Ursache war wohl, dass sie ein matriarchal geprägtes Weltbild und eine dementsprechende religiöse Einstellung repräsentierten, die im Christentum keinen Platz hatten. Dies führt uns wieder auf die Insel Lemnos zurück, welche - wie wir darzulegen versuchen - eine matriarchale Hochkultur zu prähistorischen Zeiten vorzuweisen hatte. Auch dass das Siegel, mit dem die Lemnische Erde gekennzeichnet wurde, das Bild der Göttin Artemis trug, passt gut dazu. Die jungfräuliche Göttin der Jagd war laut mythologischer Beschreibung in ihrer Wesensart den Amazonen sehr ähnlich und sie genoss durch sie auch kultische Verehrung. Artemis war eine Göttin matriarchalen Einschlags und mehrfach mit Lemnos verknüpft, wie wir an einigen Stellen dieses Buches nachweisen konnten. All dies führt zur Schlussfolgerung, dass der Ursprung der berühmten Lemnischen Erde - der Limnia Gi - auf die matriarchale Vergangenheit von Lemnos zurückzuführen ist.

Kapitel 9

Der Vulkan Mosychlos und der Kulthügel von Kotsinas

In den antiken Berichten über Lemnos spielt der Vulkanberg Mosychlos, wie eben in Zusammenhang mit der berühmten Heilerde - der Limnia Gi, eine wichtige Rolle. Den antiken Informationen zufolge muss dieser Vulkan einst sehr aktiv gewesen sein. Heute hingegen ist vom Vulkanhügel kaum noch etwas übrig. Ein paar mäßig hohe Hügel mit bizarren Gesteinsformen sind letzte Zeugnisse des einstigen Vulkans. Sein Krater lag ungefähr zwei Kilometer südlich der Ortschaft Kotsinas.

Abb. 81: Überrest des Vulkans Mosychlos

Die antiken Autoren geben beredtes Zeugnis, wie aktiv dieser Vulkan im Altertum war. So bezeichnet Homer Lemnos mit dem Beinamen »amichthaloessa«, was übersetzt »rauchend, dampfend« bedeutet. Heraklit von Ephesos berichtet, dass man auf Lemnos Feuerblitze sieht, die direkt aus der Erde kommen.

Abb. 82: Steinerne Zeugen des einstigen Vulkans

Es wird allgemein angenommen, dass dieser Vulkan in Folge eines starken Erdbebens vollständig zusammengestürzt ist. Zugleich soll auch der Berg Hermaion verschwunden sein. Dieser Berg wird im Stück »Agamemnon« des Aischylos erwähnt. Durch Leuchtfeuer soll die Botschaft von der Einnahme Trojas in die Heimat Argos, am griechischen Peloponnes, übermittelt worden sein. Das erste Leuchtfeuer war auf dem Berg Ida bei Troja, das zweite auf dem Berg Hermaion auf Lemnos, das dritte auf dem Berg Athos am nordgriechischen Festland; und eine Kette von Leuchtfeuern am Festland reichte die Nachricht bis nach Argos weiter, sodass in der Heimat die Menschen in derselben Nacht von der Eroberung Trojas erfuhren.

Etwas nördlich des Gebietes, wo einst der Vulkan Mosychlos Feuer spukte, und jenes Platzes, wo die sagenhafte Limnia Gi einst gefördert wurde, öffnet sich die weite Bucht von Kotsinas.

Abb. 83: Blick auf Kotsinas

An seiner südlichsten Stelle liegt der kleine Ort Kotsinas, welcher durch einen niedrigen Hügel gekennzeichnet ist. Darauf befindet sich eine bekannte und vielbesuchte Kapelle. Dieser Ort ist mit der Nationalheldin von Lemnos, Maroula, eng verbunden.

Abb. 84: Maroula, die Nationalheldin von Lemnos

Sie hatte im 15. Jahrhundert nach Chr. die Burg von Kotsinas gegen einen Angriff der Türken erfolgreich verteidigt. Eine eher wenig eindrucksvolle, neuzeitliche Statue wurde ihr zur Ehren am Hügel von Kotsinas errichtet.

Es ist sehr bemerkenswert, dass gerade auf dieser Insel, die so sehr mit matriarchaler Geschichte verbunden ist, sich eine Frau als Anführerin des Kampfes gegen die Türken berufen fühlte. Offensichtlich hatte sich die matriarchale Gesinnung in der Bevölkerung noch unterschwellig bewahrt.

Außergewöhnliches bietet der Hügel von Kotsinas, allerdings nicht die Kapelle auf dem Hügel, sondern das Innere dieses Hügels.

Abb. 85: Geheimnisvoller Raum im Inneren des Hügels von Kotsinas

Direkt vor dem Eingang zur Kapelle gibt es einen Einstieg, durch welchen man über eine steile, enge Treppe tief in den Hügel gelangt. Dieser fast senkrecht in den Hügelfelsen gebaute Gang endet in einem rechteckigen Raum, wo man durch eine Öffnung am Boden Wasser aus einer Quelle schöpfen kann.

Heiligenbilder weisen daraufhin, dass dieser Platz tief im Felsen christlich-kultische Bedeutung hatte.

Abb. 86: Rückwand des Kultraums mit rätselhaften Spuren

Eine schon vorchristliche Nutzung des unterirdischen Kultplatzes mit Quelle lässt sich nicht nachweisen, doch erscheint sie, gerade in Zusammenhang mit der großartigen Vorgeschichte von Lemnos, sehr naheliegend. Christliche Kultplätze sind sehr oft identisch mit alten vorchristlichen Kultorten, wohl in voller Absicht, um jene zu christianisieren und die uralte Religiosität, die mit diesem Platz verbunden ist, für den christlichen Glauben in Anspruch zu nehmen. Diesen Wandel von einem vorchristlichen zu einem christlichen Kultort erkannten wir bereits beim Bergheiligtum Panagia Kakaviotissa.

In diesem engen Felsraum, welcher eine besondere Aura ausstrahlt, lässt sich noch eine Parallele zu Myrina, Ekato Kefalon, Kavirio und Panagia Kakaviotissa festzustellen. Auch hier sind schwache Spuren von Felszeichnungen an der Rückwand zu erkennen. Außerdem wirken die zwei parallel angeordneten runden Löcher auf dieser sonst glatten Wand wie ein Augenpaar, ein Felsvorsprung etwas darunter wie eine Nase.

Auf jeden Fall ist dieser außergewöhnliche unterirdische Kultplatz ein Ort mystischer Ausstrahlung und gibt dieser Kapelle eine besondere Heiligkeit.

Kapitel 10

Chryse, die im Meer versunkene Stadt

Wie viel an Geheimnisvollem Lemnos noch birgt, wurde in den 60er Jahren des letzten Jahrhunderts durch die sensationelle Entdeckung des lemnischen Architekten T. Laskarides offenbar. Am östlichen Ende vom Lemnos, in der Nähe des Kap Plaka, entdeckte Laskarides beim Tauchen am Grunde des Meeres die Ruinen einer alten Stadt.

Abb. 87: Blick auf das Kap Plaka.
Im Hintergrund die Insel Imbros (heutiger Name: Gökçeada)

In einer Tiefe von acht bis zehn Metern sind Mauern von Häusern sowie gepflasterte Straßen in relativ gutem Zustand zu erkennen. Die Konstruktion der Mauern ist jener der Häuser von Poliochni ähnlich, sodass anzunehmen ist, dass diese versunkene Stadt der gleichen Kultur, also der frühbronzezeitlichen Hochkultur von Lemnos angehört. Diese im Meer versunkene Stadt wurde von ihrem Entdecker »Chryse« genannt, nach dem Namen einer Stadt im Stück »Philoktet« von Sophokles. Man nimmt an, dass sich der Untergang dieser Stadt im 2. vorchristlichen Jahrtausend zutragen hatte, als Ursache wird ein starkes Erdbeben vermutet.

Inwieweit trägt die antike Überlieferung zur Identifizierung dieser im Meer versunkenen Stadt bei?

Von mehreren antiken Autoren haben wir die Information, dass es auf einer winzigen Insel, ganz nahe der Ostküste von Lemnos, einen Tempel gegeben hatte, welcher der Göttin Chryse geweiht war. Diese kleine Insel mit dem Tempel hatte bis in das 2. Jahrhundert oder sogar 1. Jahrhundert vor Chr. existiert. Der griechische Reiseschriftsteller Pausanias berichtet von ihr und weiß auch von ihrem Untergang im Meer. Ein Erdbeben gilt als Ursache ihres Verschwindens.

Wie sind nun historische Überlieferung und die Entdeckung von T. Laskarides in Einklang zu bringen?

Fest steht, dass am östlichen Ende von Lemnos eine weitere frühbronzezeitliche Stadt neben Poliochni im Südosten, Hephaistia im Norden und Myrina im Westen existierte. Diese verschwand aufgrund von Naturgewalten im 2. Jahrtausend vor Chr. im Meer. Möglicherweise war diese Stadt zu diesem Zeitpunkt schon verlassen. Offensichtlich scheint ein kleiner Teil der Stadt, der etwas höher gelegen war, nicht versunken zu sein und dieser ragte als kleine Insel aus dem Meer heraus. Tempel werden bevorzugt an erhöhten Stellen errichtet, damit sie von allen Seiten gut sichtbar sind, wie dies auch sehr oft bei christlichen Kirchen der Fall ist. Dies wäre ein Argument dafür, dass der antike Tempel bereits einen Vorgänger hatte - ein prähistorisches Heiligtum, welches die alte Kultstätte der im Meer versunkenen Stadt war. Andererseits könnte es sein, dass dieser Tempel erst später, möglicherweise sogar als Reminiszenz an diese untergegangene Stadt, auf dieser Insel errichtet worden ist. Die Existenz dieses Tempels ist zumindest bis ins 2. Jahrhundert vor Chr. historisch belegt. Dann ereilte den Tempel das gleiche Schicksal wie die einstige Stadt - er versank für alle Zeit im Meer.

Geologische Gegebenheiten lassen vermuten, dass auch eine große Fläche Land im Südosten der Insel, dort wo heute die seichten Riffe Petalida und Keros liegen, durch eine Naturkatastrophe im Meer versunken ist. Wann nun diese Landmasse abgesunken ist, bleibt offen. Falls es in eher jüngerer Zeit geschehen ist, etwa in der Jungsteinzeit oder in der Bronzezeit, könnten hier prähistorische Siedlungsspuren noch ihrer Entdeckung harren. Möglicherweise birgt diese Region eine ähnliche Sensation, so wie die Entdeckung von Chryse.

Entlang der Keros Bucht, dort wo einst weites Land im Meer versank, erstreckt sich ein außergewöhnliches Landschaftsgebiet mit einem ausgedehnten Salzsee, welcher nur durch eine schmale Landzunge vom Meer getrennt ist. Dieser See trocknet im Sommer ganz aus und wirkt dann wie eine Salzwüste. Es ist zu vermuten, dass dieser See vor dem Absinken der östlichen Gebiete ein in eine fruchtbare Landschaft eingebetteter Süßwassersee gewesen ist.

Abb. 88: Ausgetrockneter See an der Keros Bucht

Abb. 89: Eine dicke Salzschicht überzieht den ausgetrockneten Seeboden

Eine derart fruchtbare Region lässt darauf schließen, dass sie auch besiedelt war, sodass das Auffinden von alten Siedlungsspuren nicht überraschen würde. In dieser Gegend liegt der Ort Kalliopi, wo alljährlich ein traditionelles Pferderennen stattfindet.

Abb. 90: Darstellung von reitenden Amazonen auf einer griechischen Vase.
Attisch rotfiguriger Dinos, British Museum, London

Die Kunst des Pferdereitens wurde in ganz besonderem Maße den Amazonen zugeschrieben. Das Wort »Amazone« wird im renommierten Duden-Fremdwörterbuch mit dem Begriff Turnierreiterin erklärt. Somit stellt sich die Frage: Liegt hier eine verschüttete Reminiszenz an die großartige matriarchale Vorgeschichte von Lemnos vor oder handelt es sich hier bloß um eine Zufälligkeit?

Kapitel 11

Samothrake, die heilige Insel der »Großen Mutter«

Unsere Darstellung über die Insel Lemnos und ihre matriarchale Vergangenheit runden wir nun mit einem Exkurs über die benachbarte Insel Samothrake ab. Diese Insel haben wir bereits im Kapitel über Kavirio gestreift, weil dort, wie auf Lemnos, ein bedeutendes Kabirenheiligtum existiert hatte. Gerade die Gemeinsamkeiten von Samothrake und Lemnos wollen wir hier genauer beleuchten.

Samothrake liegt in der nordöstlichen Ägäis zwischen der Insel Lemnos und dem griechischen Festland (Ostthrakien). Die Insel ist an ihrer längsten Stelle 21 km und an der breitesten Stelle 12 km lang. Samothrake ist größtenteils gebirgig, der höchste Berg ist der imposante Fengari mit 1611 Meter Seehöhe.

Abb. 91: Silhouette der Insel Samothrake, von Süden gesehen

Es gibt zahlreiche Quellen in den Bergen, sowie einige beeindruckende Wasserfälle. Der Wasserreichtum der Insel äußert sich im Brauch der Einheimischen, dem Gast als erstes einen Krug mit frischem Quellwasser auf den Tisch zu stellen.

Besonders in Zusammenhang mit Lemnos ist folgende mythologische Erzählung über Samothrake interessant, welche uns der antike Autor Diodor (1. Jahrhundert vor Chr.) überliefert. Bei der Beschreibung des Eroberungszuges der libyschen Amazonen unter Führung der Königin Myrine berichtet er folgendes:

»... Auch einige der Inseln hatte sie in ihre Gewalt gebracht, insbesondere Lesbos, auf der sie die Stadt Mitylene gründete und nach ihrer Schwester benannte, die an dem Kriegszug teilgenommen hatte. Als sie danach auch die anderen Inseln zu unterwerfen in Begriff war, geriet sie in einen Sturm und, nachdem sie der Göttermutter ihrer Rettung wegen ein Gelübde abgelegt hatte, an eine der menschenleeren Inseln verschlagen. Nach einer Erscheinung, die ihr im Traum erschien, weihte sie dieselbe der vorgenannten Göttin, errichtete jener Altäre und brachte ihr herrliche Opfer. Die Insel aber nannte sie Samothrake, was, in griechische Sprache übersetzt, heilige Insel bedeutet.«

Die Insel Samothrake war die ganze Antike hindurch berühmt wegen ihres Kabirenheiligtums und des damit verbundenen Mysterienkultes. Das wenige, was wir über den rätselhaften Mysterienkult wissen, haben wir bereits im Kapitel über Kavirio beleuchtet.

Axieros, die »Große Mutter« war die Zentralfigur des Kultes und sehr ähnlich der kleinasiatischen Kybele. Sie war die Göttin des Matriarchats - jener Kulturstufe, wo die Frauen die vorrangige Stellung in der Gesellschaft innehatten. Die »Große Mutter« wurde bevorzugt an heiligen Felsen angebetet, wo ihr auch Opfer dargebracht wurden.

In dieser Hinsicht gibt es offensichtliche Parallelen zu Lemnos, wo wir einige bearbeitete und auch natürliche Felsen als Kultmonumente entdecken konnten. Als besonders hervorstechendes Beispiel ist hier der Kultfelsen Richa Nera (siehe Kapitel 2 über Myrina) zu nennen.

Neben der Verehrung von heiligen Felsen spielten auch heilige Quellen eine wichtige Rolle im Kult. Auf Samothrake ist der Ort Therma ein bedeutender Wasserkurort. Hier entspringen sehr heiße Schwefelquellen, und es gibt eine heilige Quelle (ayiasma), die heilende Wirkung haben soll. Eine heilige Quelle, die ebenfalls heute noch genutzt wird, gibt es auch auf

Lemnos, und zwar neben der Kirche Panagia Charalampos bei Plaka; eine weitere Quelle mit Heilwasser befindet sich im Norden bei Agios Ermolaos. Auch auf Lemnos gibt es einen Wasserkurort namens Therma, er liegt einige Kilometer östlich der Inselhauptstadt Myrina.

Erstaunlicherweise wurde im samothrakischen Mysterienkult eine vorgriechische Sprache verwendet, welche in griechischer Schrift niedergeschrieben wurde. Dies war die Linqua Sacra (heilige Sprache) des Mysterienkultes. Hier gibt es eine direkte Parallele zu Lemnos. Wie schon im Kapitel über rätselhafte Zeichen und Bilder erörtert, fand man in Kaminia, nahe der bedeutenden frühbronzezeitlichen Siedlung Poliochni, eine Grabstele mit einer Inschrift, die einen mit griechischen Buchstaben abgefassten ungriechischen Text beinhaltet. Es gelang nachzuweisen, dass hier eine Verwandtschaft mit dem Etruskischen besteht und dass die Etrusker und die mit Lemnos vielfach verbundenen Pelasger gleicher Volkszugehörigkeit sind. Diese Annahme hat genauso für die alten Bewohner von Samothrake Gültigkeit.

Welche Informationen gewinnen wir aus den archäologischen Erforschungsergebnissen der Insel?

In Mikro Vouni, im fruchtbaren Südwestteil der Insel gelegen, wurde eine neolithisch-bronzezeitliche Siedlung entdeckt, welche vom 6. vorchristlichen Jahrtausend bis 1700 vor Chr. fast ununterbrochen besiedelt war. Allein zwischen der neolithischen und der frühbronzezeitlichen Periode gibt es eine Besiedlungslücke. Zu Beginn der Bronzezeit wurde diese alte Siedlung durch Neuzuwanderer wiederbelebt.

Setzt man dieses archäologische Ergebnis mit dem Bericht des Diodor in Beziehung, so könnte man die frühe Geschichte von Samothrake folgendermaßen rekonstruieren:

Als es die Amazonenkönigin Myrine nach Samothrake verschlug, soll die Insel menschenleer gewesen sein. Dies entspräche der in Mikro Vouni festgestellten Besiedlungslücke zwischen Neolithikum und Bronzezeit. Folglich kann die Neubesiedlung mit dem Eroberungszug der Amazonenkönigin Myrine verbunden werden, zeitlich wäre dies in das frühe 3. Jahrtausend vor Chr. einzuordnen. Aus Anlass ihrer Rettung aus einem Sturm gründete die Amazonenkönigin auf dieser menschenleeren Insel ein Heiligtum zu Ehren der »Großen Mutter«. Dieses wäre nun jenes berühmte Kabirenheiligtum, welches bis zum Beginn des Christentums in hohem Ansehen stand. Diese geschichtliche Rekonstruktion ist historisch - nach heutigen Erkenntnissen - schwer nachweisbar, ist aber eine durchaus denkbare Variante.

Etwa zur gleichen Zeit, als Samothrake wiederbesiedelt wurde, entwickelte sich auf Lemnos eine Hochkultur mit den blühenden Städten Poliochni und Myrina. Auch Samothrake gehörte dieser frühbronzezeitlichen Kultur an, das belegt der Fundort Mikro Vouni deutlich, wo ganz ähnliche bronzezeitliche Keramiken wie auf Lemnos entdeckt worden sind.

Bemerkenswert ist der Fund von minoischen Siegeln aus dem 19. und 18. vorchristlichen Jahrhundert. Dies beweist, dass Samothrake - obwohl räumlich relativ weit entfernt - mit der matriarchal geprägten Hochkultur auf Kreta in Verbindung stand. Ein hier gefundenes Siegel zeigt eine Doppelaxt, ein Symbol, welches einerseits für das bronzezeitliche Kreta kennzeichnend ist, andererseits in der Antike als Kennzeichen der Amazonen galt.

Um 1700 vor Chr. wurde Mikro Vouni verlassen - eine weitere bemerkenswerte Parallele zu Lemnos, wo Poliochni ungefähr zur gleichen Zeit verlassen wurde.

In Palaiopolis, im Norden der Insel, liegen die Überreste des berühmten Kabirenheiligtums. Die antike Hochblüte dieses Heiligtums war die Zeit des Hellenismus (4. bis 1. Jahrhundert vor Chr.). In dieser Periode waren beeindruckende Monumente wie das Hieron und die Arsinoë Rotunde errichtet worden.

Wir wollen unser Augenmerk jedoch auf archäologische Spuren richten, die mit der vorgriechischen Zeit in Verbindung gebracht werden können.

Als Erstes muss hier der heilige Felsen angeführt werden, welcher sich im Zentrum der Anlage direkt neben der Arsinoë Rotunde befindet. Es handelt sich um einen frei stehenden bläulich-grauen Monolithen. Dieser wurde in der langen Zeit des Heiligtums nie verbaut, er muss daher immer von großer kultischer Bedeutung gewesen sein.

Abb. 92: Das Hieron - der Haupttempel des Kabirenheiligtums

Abb. 93: Heiliger Stein im Kabirenheiligtum

Die »Große Mutter« - die Hauptgöttin matriarchaler Kulturen - wurde an heiligen Felsen verehrt, somit spricht alles dafür, dass dieser Kultfels auf die Anfänge des Heiligtums zurückgeht, also auf die frühe Bronzezeit, als die Insel - unserer Ansicht nach - von Menschen matriarchaler Gesellschaftsordnung besiedelt war.

Auf ein sehr merkwürdiges Monument stößt man im westlichen Teil der Anlage. Man sieht zwei Bauten, welche direkt in den Hügel hineingearbeitet worden sind.

Abb. 94: Außergewöhnliches Doppelheiligtum

Jene unterscheiden sich wesentlich von den übrigen, im griechischen Stil gehaltenen Monumenten. Der eine Bau auf der linken Seite zeigt einen außergewöhnlichen, rundlich-ellipsenförmigen bläulich-grauen Monolithen, der, von Steinblöcken eingefasst, in einer Wand versenkt ist. Offensichtlich haben wir hier wiederum einen heiligen Stein vor uns, also ein Kultmal aus vorgriechischer Zeit. Daneben befindet sich eine ungewöhnliche Nische aus monolithischen Steinblöcken in Form eines Portals, im Stil einer mykenischen Grabanlage.

Abb. 95: Bläulich-grauer Monolith, eingebettet in einer Steinmauer (Kultstein)

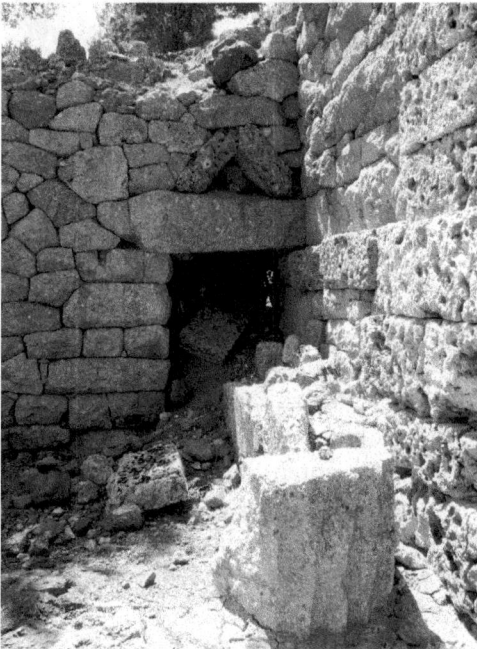

Abb. 96: Rätselhaftes Portal

Unmittelbar an das Heiligtum angrenzend befand sich die Stadt, welche von einer gewaltigen Stadtmauer aus kyklopischen Steinblöcken umschlossen war.

Abb. 97: Kyklopische Toranlage in Palaiopolis auf Samothrake

Eine beeindruckende Toranlage hat sich bis heute gut erhalten. Die Ausgräber ordnen diese Stadtmauer dem Beginn der griechischen Ansiedlung um 700 vor Chr. zu. Unserer Ansicht nach geht dieser Mauerbau auf eine viel frühere Periode zurück. Die Mauer besteht aus mächtigen, unregelmäßig geformten Steinblöcken, die ohne Bindematerial zu diesem mächtigen Mauerwerk aufgeschichtet worden waren. Diesen Stil nennt man wegen der großen Steinblöcke den kyklopischen Baustil. Gerade in der Frühbronzezeit war diese Bauweise sehr verbreitet. Eine kyklopische Mauer hat sich auch am Burghügel von Myrina auf Lemnos erhalten, somit zeigt sich hier eine weitere Parallele zwischen Samothrake und Lemnos.

116

Abb. 98: Kyklopische Mauer in Palaiopolis auf Samothrake

Neben dem großen Heiligtum in Palaiopolis im Norden der Insel entdeckte man im Süden der Insel mehrere kleine Heiligtümer, welche der »Großen Mutter« geweiht waren. Kennzeichen all dieser kleinen Heiligtümer ist, dass ein heiliger Stein bzw. ein Felsmonument das Kultmal bildete.

Nahe Profitis Ilias wurde in Mandal Panagia eine solche Fundstätte entdeckt. Als Votivgaben fand man Frauenfigurinen - ein klarer Hinweis auf die matriarchale Ausrichtung des Kultes. Allein schon der Name des Ortes ist vielsagend. Panagia ist die in Griechenland hochverehrte Muttergottes, hier verbirgt sich die Kontinuität der uralten Kulttradition - die Verehrung der matriarchalen »Großen Mutter«, welche nahtlos in die Verehrung der christlichen Muttergottes überging. Das gleiche Phänomen konnten wir am Bergheiligtum Panagia Kakaviotissa auf Lemnos feststellen.

Eine weitere prähistorische Stätte fand man in Kerasoudha. Hier entdeckte man ein Freiluft-Heiligtum mit einem heiligen Felsen als Kultmal.

Eine überaus beeindruckende Felsformation findet man nahe Grias to Panio an der Südküste der Insel, also in Richtung Lemnos orientiert. Jene Stelle erreicht man nur mit dem Boot.

Eine steil ins Meer abfallende Felswand hebt sich von der Umgebung klar ab. Die dunkelgraue bis schwarze Felswand ist mit weißer Äderung unregelmäßig durchzogen; es sieht aus, als ob gewaltige Figuren auf die Felswand gezeichnet worden seien. Hier scheint es sich um eine ungewöhnliche Laune der Natur zu handeln. Diesem Naturphänomen angrenzend stürzt ein eindrucksvoller Wasserfall direkt ins Meer.

Abb. 99: Beeindruckende Felsformation nahe Grias to Panio an der Südküste von Samothrake

Abb. 100: Außergewöhnliche Felszeichnungen nahe Grias to Panio, Samothrake

Diesen Exkurs über Samothrake hiermit abschließend, können wir festhalten, dass es vielfache Übereinstimmungen zwischen der frühgeschichtlichen Hinterlassenschaft von Samothrake und Lemnos, jener südlichen Nachbarinsel, die als Hochburg frühbronzezeitlicher matriarchaler Kultur gilt, gibt. So wie auf Lemnos, war auch auf Samothrake der Kabirenkult zentraler Mittelpunkt religiösen Lebens. Die geheimnisvollen Mysterien hatten die »Große Mutter« als überragende Kultfigur. Diese Göttin geht auf die Hauptgöttin matriarchaler Religion zurück. Die Gemeinsamkeiten zeigen sich sowohl im archäologischen Fundmaterial als auch in der uralten Kultausübung an heiligen Steinen. Somit ist bewiesen, dass die beiden Inseln Lemnos und Samothrake in ihrer vorgriechischen Vergangenheit - jedenfalls in der frühbronzezeitlichen Periode - eine kulturelle Einheit bildeten.

Schlussworte

Die Einleitung des Buches begannen wir mit den Worten Apollodors, der Lemnos mit dem Begriff »*von Frauen beherrschte Insel*« charakterisierte.

Nachdem wir nun Lemnos und auch die Nachbarinsel Samothrake eingehend behandelt haben, stellt sich die Frage nach dem Resümee. Hat die Aussage Apollodors historische Substanz? Diese Frage können wir absolut mit Ja beantworten!

Aufgrund der archäologischen Forschungsergebnisse ist festzuhalten: Die in der Nordägäis gelegene Insel Lemnos wies im 3. Jahrtausend vor Chr. bereits eine hochentwickelte Kultur auf. Man schuf eindrucksvolle Stadtanlagen, mächtige Felsbauten und Ehrfurcht einflößende Heiligtümer. Die Hauptorte dieser Kultur waren Poliochni im Osten der Insel, Myrina im Westen, sowie Hephaistia im Norden. Vermutlich gab es noch eine vierte städtische Siedlung ganz im Nordosten der Insel - das sagenhafte Chryse, welches durch ein Erdbeben im Meer versank.

Gleichzeitig ist festzustellen, dass in dieser Kultur Frauen eine zumindest gleichberechtigte Rolle eingenommen hatten.

Die prähistorischen Kultplätze zeugen von der Verehrung der allmächtigen Muttergöttin. Die sogenannte »Große Mutter« war die Göttin des Matriarchats - jener Kulturstufe, in der die Frauen die vorrangige Stellung in der Gesellschaft innehatten. Diese allmächtige Göttin wurde bevorzugt an heiligen Felsen angebetet, wo ihr auch Opfer dargebracht wurden.

Gleichartiges konnten wir ebenfalls auf Samothrake feststellen. Auch hier fanden wir Monumente, die mit dem matriarchalen Kult der »Großen Mutter« in Beziehung zu setzen sind.

Beide Inseln waren in der Antike berühmt wegen ihres Kabirenkultes und der dazugehörigen Mysterien. Im Zentrum dieser Mysterien standen

Fruchtbarkeit und Geburt, und gerade diese Elemente sind wesentliche Bestandteile matriarchaler Religion. Alle Anzeichen sprechen dafür, dass der Kabirenkult, wie er uns aus der Antike überliefert ist, die oberflächlich patriarchalisierte Adaption eines einst matriarchalen Fruchtbarkeitskultes war.

Es gibt überzeugende Hinweise, dass die vorgriechische Bevölkerung von Lemnos und Samothrake - in der Antike als Pelasger bezeichnet, mit dem Volk der Etrusker gleichzusetzen ist. Die rätselhaften Etrusker, die im frühen 1. Jahrtausend vor Chr. in Italien eine politische wie kulturelle Großmacht darstellten und deren kulturelles Erbe von den Römern später übernommenen wurde, hatten eine Sozialordnung, in der die Frauen den Männern zumindest ebenbürtig waren. Dies bestätigt die Erkenntnisse, die wir von Lemnos gewinnen konnten.

Fassen wir alle Informationen und Forschungsergebnisse zusammen, so zeichnet sich deutlich ab, dass die zitierten Worte Apollodors historische Gültigkeit besitzen. Die nordägäische Insel Lemnos war in der Frühbronzezeit eine Hochkultur matriarchaler Prägung - eine von Frauen beherrschte Insel.

Mit jenen Worten, die Sophokles dem Philoktet in den Mund legt, als jener Lemnos verlässt, wollen wir schließen:

> *Lemnos, du meerumflutetes Land,*
> *Leb wohl! Entlasse mich ohne Groll.*

Literatur

Antike Referenzen:

Apollodor: Bibliotheke 1, 9, 17

Apollonius Rhodius: Argonautika 1, 609-910

Diodorus Siculus V, 79, 2

Herodot: Historien 6, 137-139

Homer: Ilias I 593, II 722, VII 467-473, VIII 230, XIV 230

Homer: Odyssee VIII 283, 294, 301

Pausanias VIII, 33, 4 (über Chryse)

Flavios Philostratos: Heroicus (Heldengeschichten)

Sophokles: Philoktet, übersetzt von Wilhelm Kuchenmüller. 1970

Thukydides: Geschichte des Peloponnesischen Krieges IV, 109

Lemnos:

L. Bernabò Brea: Recenti scavi a Poliochni nell'isola di Lemnos. Bollettino d'Arte 42. 1957

L. Bernabò-Brea: Poliochni. Cittá preistorica nell'isola di Lemnos. 1964 (2 Bde)

B. Hemberg: Die Kabiren. Uppsala 1950

Pauly-Wissowa: Real-Encyclopädie der Classischen Altertumswissenschaft (RE) s.v. Lemnos. Kabeiroi. Mosychlos

L.N. Gerondoudis, Ch.L. Gerondoudis: The Island of Lemnos. Johannesburg 1990

Spyridonos A. Paximada: Limnia Gi. Athen 2002

Etrusker und lemnische Inschrift:

Guido Mansuelli: Etrurien und die Anfänge Roms. 1963

Dieter H. Steinbauer: Neues Handbuch des Etruskischen. 1999

Matriarchatsforschung:

Johann Jakob Bachofen: Das Mutterrecht. Basel 1948

Heide Göttner-Abendroth: Die Göttin und ihr Heros. München 1980

Heide Göttner-Abendroth: Das Matriarchat I. Geschichte seiner Erforschung. Stuttgart 1988

Vicki Noble: The Double Goddess. Rochester 2003

Gerhard Pöllauer: Die verlorene Geschichte der Amazonen. Klagenfurt 2002

Gerhard Pöllauer, Jahrgang 1962, ist Archäologe und Althistoriker und widmet sich im Besonderen der Erforschung der vergessenen matriarchalen Geschichte.

In seinem ersten Buch »Die verlorene Geschichte der Amazonen« folgt er den Spuren des legendären Frauenvolkes.

Dieses Buch über das geheimnisvolle Lemnos ist das Ergebnis jahrelanger Recherchen und Forschungsarbeiten vor Ort.

Weitere Informationen finden Sie im Internet unter: **http://www.myrine.at**

Karte von Lemnos

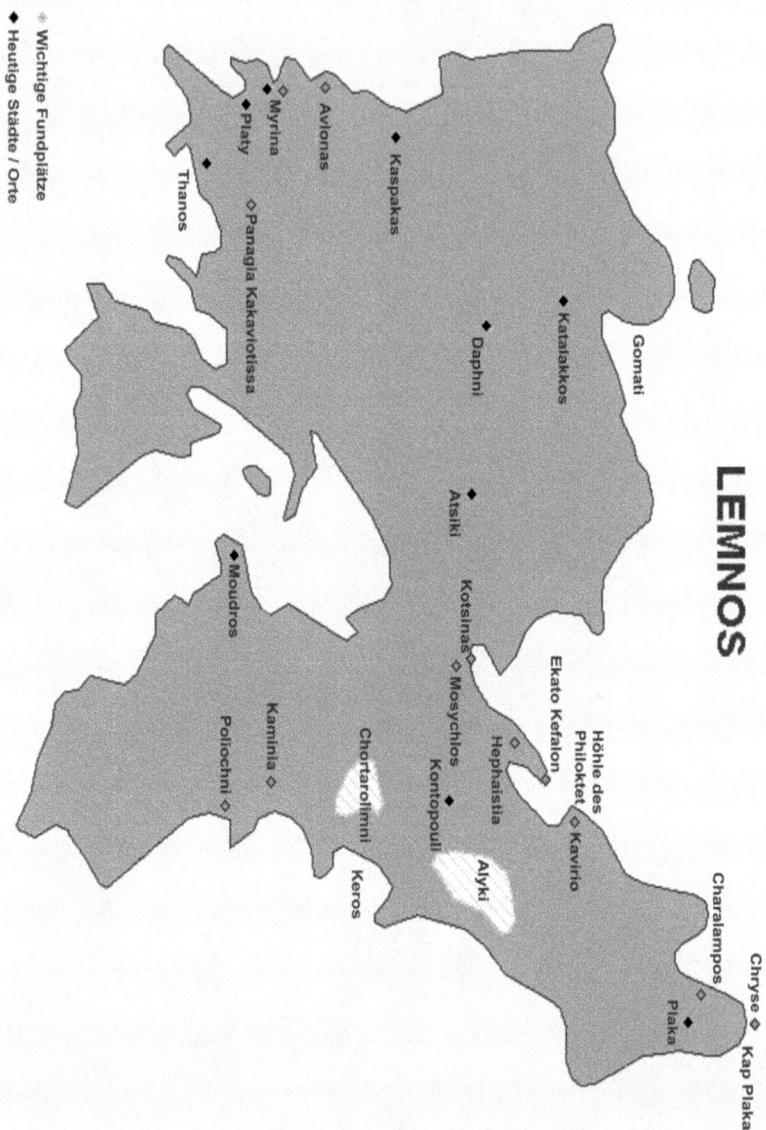

LEMNOS

Thanos

Platy
Myrina
Avlonas
Kaspakas

Panagia Kakaviotissa

Gomati

Daphni
Katalakkos

Atsiki

Moudros

Kotsinas
Mosychlos
Ekato Kefalon

Höhle des
Philoktet

Kaminia

Poliochni

Chortarolimni

Kontopouli
Hephaistia

Kaviro

Keros

Alyki

Charalampos

Chryse
Kap Plaka
Plaka

126

www.ingramcontent.com/pod-product-compliance
Lightning Source LLC
Chambersburg PA
CBHW070459090426
42735CB00012B/2611